全民阅读体育知识读本

U0721118

足球——天下第一运动

第一运动

盛文林/著

台海出版社

图书在版编目（CIP）数据

足球：天下第一运动／盛文林著. －－北京：台海
出版社，2014.7

（全民阅读体育知识读本）

ISBN 978－7－5168－0407－0

Ⅰ.①足… Ⅱ.①盛… Ⅲ.①足球运动－基本知识

Ⅳ.①G843

中国版本图书馆 CIP 数据核字（2014）第 174915 号

足球：天下第一运动

著　　者：盛文林		
责任编辑：戴　晨	装帧设计：视界创意	
版式设计：林　兰	责任印制：蔡　旭	

出版发行：台海出版社

地　　址：北京市朝阳区劲松南路 1 号　　邮政编码：100021

电　　话：010－64041652（发行，邮购）

传　　真：010－84045799（总编室）

网　　址：www. taimeng. org. cn/thcbs/default. htm

E－mail：thcbs@126. com

经　　销：全国各地新华书店

印　　刷：北京一鑫印务有限公司

本书如有破损、缺页、装订错误,请与本社联系调换

开　　本：655×960　　　1/16

字　　数：130 千字　　　　　　　　　印　张：12

版　　次：2014 年 10 月第 1 版　　　印　次：2021 年 6 月第 3 次印刷

书　　号：ISBN 978－7－5168－0407－0

定　　价：29. 60 元

前　言

体育，人类的创举！当今，体坛骄子——足球，这个黑白相兼的精灵，吸引了地球上三分之一的人们，堪称世界第一运动！

足球运动是一项古老的体育活动，源远流长，最早起源于中国古代的一种球类游戏"蹴鞠"，后来经过阿拉伯人传到欧洲，发展成现代足球。不少国家将足球定为"国球"。

足球是一项集个人技术与团队合作的运动，一项让力量与艺术相遇而迸发火花的运动。

悠悠岁月，足球穿越国界，在世界各地扎根发展。足球已经成为一种世界通用的语言，以运动的形式教会了人们协作与竞争，也开始逐渐充当起社会、文化和宗教分歧的弥合者。

足球风靡全球，世界杯、世俱杯、欧洲杯等缤纷多彩的比赛，逐渐成为备受世人关注的体育赛事。球员们以精湛高超的个人技术与默契配合追求运动的快乐与比赛的胜利，并为球迷们奉献出一场场精彩绝伦的视觉盛宴；而球迷们则以不熄的热情与不懈的坚持为球员们摇旗呐喊、擂鼓助威，并为自己钟爱球队的胜利而欢欣鼓舞。

足球比赛之所以比其他体育赛事更吸引人，关键在于比赛自始至终高潮迭起。真球迷不只是为了精彩进球而看球，他们看的是90多分钟的每一瞬间：它是进球、射门、神奇的扑救、惊险的射偏；它是妙不可言的下底传中、精彩绝伦的运球突破、妙夺天工的精确长传、行云流水般的默契配合以及创造比赛的激情。

书中介绍了足球运动项目的运动规则、运动技术和运动战术，对跑动、射门、局部配合、阵型等进行了较为系统的讲解，对于足球的理解或如何踢好比赛会有所帮助。另外书中还涉及一些足球运动的基本知识，如场地、裁判规则等，内容广泛、丰富，且通俗易懂，可使青少年更为全面地了解足球项目。本书适合于刚刚接触此项目的孩子进行自主学习，使他们不用花费太大的力气就能掌握足球的基本知识，同时也适合于足球工作者，对于其更为系统地掌握足球知识，把握好训练会有所帮助。

目　录

PART 1 项目起源

世界第一运动——足球的魅力

足球运动是以脚支配球为主，两个队在同一场地内进行攻守的体育运动项目。它是世界上最受人们喜爱、开展最广泛、影响最大的体育运动项目，无愧于"世界第一运动"的称号。有些国家将足球定为"国球"。一场精彩的足球比赛，吸引着成千上万的观众和数以亿计的电视观众，而成为电视节目中的重要内容，有关足球消息的报道，占据了世界上各种报刊的篇幅，当今足球运动已成为人们生活中不可缺少的组成部分。据不完全统计，现在世界上经常参加比赛的球队约 80 万支，登记注册的运动员约 4000 万人，其中职业运动员约 10 万人。

足球运动之所以能成为世界第一运动，有如此大的魅力，被称为王中王，不仅在于足球运动蕴藏着丰富的内涵，而且还有其独特的魅力。

一、精巧与粗野

足球的精巧是优美的艺术，足球技巧精湛、高超、复杂、细腻。足球运动中使用的身体部位比其他运动全面、丰富。头、脚、膝、胸、臀、肩都可以利用，利用越全面越显得技术高超，惟独我们日常生活中最常用的手、手臂不能用。停球、传球、带球、过人、射门五个基本功每一项都是容易学会却难以精通。而高难动作——鱼跃冲顶、倒挂金钩、飞身铲射、凌空抽射等令人叹为观止。比赛场上的运球过人更是出神入化。1986 年世界杯，马拉多纳连过数人最后将皮球送入英格兰队大门的经典一幕永远不会被人们所遗忘。

足球的粗野是壮美的，要从体能、体魄上较量。从动作上看，双方运动员要发生身体上的碰撞和对抗。足球规则允许合理的冲撞、铲球。

比赛中对双方运动员体能的要求很高，要能保持 90 分钟以上，随时能够突然起动。一个运动员一场比赛大约要奔跑 10000 米以上。

足球是众多体育项目中较少的以力量为基础的身体技术直接对抗，足球是力量和技术、粗野和精细完美结合的集中表现，使得人们的欣赏精美艺术与崇拜野性力量的两种心理同时得到满足。

二、比赛场地气派且富于变化

足球比赛的大场面是吸引观众的一个原因。场地宽大使比赛气派且富于变化，黑白相间的皮球飞跃的距离十分可观，高低远近几乎不受限制。足球比赛场地的色彩美是精彩场面的重要组成部分，皮球的黑白颜色在碧绿的草坪上飞跃，两队球员的各色球衣和场地广告牌都吸引着观众的视线。从小场面看，双方队员针锋相对、一招一式的比拼，教练的斗法，足球入赛前赛后的言行都是人们关注的焦点。比赛过程中，运动员展示的是人类的身体美和技术美，观众们购买球票观看比赛获得的是美的充分感受。这就是足球大场面与小场面有机统一体现出的美学价值。

三、关键的一瞬间

足球比赛时间长达 90 多分钟，但是进球数普遍很少，一个球可以决定一场比赛的胜负。进球的出现很不确定，0∶0 的结果也很常见。这些特点把长时间的抗衡和一瞬间的突破结合到一起，不是简单的量变和质变的机理可以解释的。在激烈的比赛中，进球机会稍纵即逝，一旦捉住机会实现进球，就意味着巨大的成功，错过少有的机会，就可能导致输掉比赛。机会难得，长时间的攻防博弈，耐心的等待、捕捉都使关键的一瞬间无比宝贵，不容有失，提高了胜负的价值。一场比赛可能大部分时间占尽优势，但被对手抓住一次机会就会输球。进球者与队友、观众狂热的兴奋是人获得美感的明显体现，失败者痛惜的泪水正是悲壮之美的最好体现。

四、博弈更具艺术性

足球比赛的宏观微观统一性，持久瞬间的矛盾性赋予足球比赛丰富的战略和战术，使足球的博弈更具艺术性。相比而言，篮球、乒乓球这些运动虽然也极其精巧，但在竞争中，技术和实力的作用大大高过了其他的因素，甚至战术选择也完全被技术特色决定了，实力高低与胜算大小机械性的成比例，这就缺少了战略意识，使艺术空间狭窄。足球的指挥难度相对大一些，要根据对手的风格、打法，比赛赛制、形势，在战略考虑基础上制定战术。要施展计谋，打心理战，虚虚实实，出奇制胜。实力弱的球队严防死守是强队面对的难题，强攻可能导致后方不稳，给对方反击的机会，这种两难是"矛""盾"的古老争论在现代足球场上的再现。

五、结果的必然性和偶然性吊足观众的胃口

人们常说"足球是圆的"，以此来解释比赛出现意外结局的原因。其实是足球比赛戏剧性的一个概括。看似必胜的一方输球在足球比赛中屡见不鲜。实力强大不代表胜利，实力弱同样可以取得成功。未知，永远蕴藏着魅力。未知和期待构成了人生和足球的奥秘。足球比赛的双方，实力强大的一方有取胜的更高概率，而最后的失败恰是因为概率较低的那个结果发生了。概率里面包含着偶然，足球的必然和偶然源于足球的竞技特性，进球难和进球时间的不确定是造成未知和悬念的基本条件。技术战术、战略思想、临场发挥综合起来决定胜负，胜负因素多而复杂。足球的评论、分析及猜测铺天盖地，但没有人可以准确预见每一场比赛的结果。

竞争是残酷的，足球把这种残酷性淋漓尽致地体现了。人们在心理上承受着焦虑、痛苦、兴奋的强烈体验。尽管足球比赛的结果颇具偶然性，比赛的胜负还是以实力为基础的，基本的公平性还在。一个世纪来的足球比赛从总体上看，胜负不大离谱。而这种必然性和偶然性的交替出现则大大吊起了人们的胃口。

中国是古代足球运动的发源地

国际足联技术委员会主席布拉特 1980 年 4 月在亚洲足联举办的各会员国协会秘书长学习班上所作的《国际足球发展史》报告中说："足球发源于中国，由于战争而传入西方。"1985 年 7 月 26 日国际足联主席阿维兰热对中国记者说："足球起源于中国。"古代足球运动起源于中国是有充分的历史依据的。

据史料记载，早在 3500 多年前的殷商时代，中国百姓在干旱时举行一种祈祷仪式，他们以边跳舞、边踢球的方式，求神拜佛，祈祷下雨，这就是最早的足球。

到了公元前 403 年至公元前 201 年的战国时代，中国在民间开始流行具有足球运动动作技术的"蹴鞠"游戏。在中国文字的解释上，"蹴"就是踢的意思，"鞠"是皮革内放入富有弹性的毛发物。这样的球落在地上和踢起来，就能从地面跳起，这种"蹴鞠"游戏很受小孩和成年人的喜爱。

随着时间的推移，到了公元前 206 年至公元 25 年，足球运动逐渐演变成具有竞赛活动的运动方式。据说，刘邦曾在宫苑中修建了规模很大的一块足球场地。场地的两端各设有 6 个相当于球门的"鞠域"，比赛时双方允许各有 12 人参加比赛；其中各有 6 个人参加踢球，哪一个队踢进球最多便为比赛的胜队。

到了唐代，足球运动开始使用"气"，即用猪、牛、马的尿脬作为"气"的胆。游戏者常常将上述动物的尿脬用嘴充气后，人们便可以将球踢起来进行比赛。开始比赛时，在球场的两端各有 6 人参加比赛，其中各推一人为守门员。《文献通考》中记载："蹴鞠盖始唐，植两修竹，络网于上，为门以度，又分左右朋，以角胜负。"

中国古代足球游戏在唐朝时开始流传于日本。日本出版的《游庭秘抄》一书有："蹴鞠者，起于苍海万里之异域，遍于赤县九陌之里域。"《游庭秘抄》书中所说的"苍海万里之异域"就是指中国。"遍布于赤县九陌之里域"，指的是中国足球运动在日本得到传播。日本出版的另一本书《"蹴鞠"九十九条》也讲到"鞠始于大唐"。这就证明，中国的古代足球游戏是最早盛行体育竞技运动中的一个项目。

现代足球的诞生地——英格兰

古代足球经历了几十个世纪的漫长的发展，始终未能成为一种世界性的体育比赛项目。1863 年 10 月 26 日，伦敦成立足球协会，标志着现代足球的诞生，英格兰无可争议地被确认为现代足球的诞生地。

应该说，现代足球运动不是一夜之间就产生的，它是过去的或者古代足球运动的发展的继续，也是现代体育分化的必然结果。英格兰足协的成立，只不过是这个过程中的一个里程碑。

19 世纪，随着划船、板球和拳击运动在英国被公众广泛接受，足球也被引入公共学校。由于没有统一的规则，各学校都在根据自己的特点制定各自独特的规则，导致出现了各种各样的足球规则，比赛中采取各自认为合法的动作或行为。1863年10月26日，伦敦11个最主要的俱乐部和学校在伦敦的弗里森酒店举行会议，创立了最早的足球协会——英格兰足球协会，与此同时也产生了世界上第一个统一的足球规则。随着英格兰足球协会的创立，有别于英式橄榄球的英式足球正式产生。这一日被世界公认为现代足球的起源日。

1872年英格兰与苏格兰之间进行了历史上第一次足球协会间的比赛。1885年在英国建立了世界上第一个职业足球俱乐部。到19世纪末，欧洲和南美洲及其他洲的一些国家先后成立了足球协会，成立了职业足球俱乐部。这种情况大大地促进了各国足球运动的开展，同时国际比赛日渐增多。为适应足球运动发展的需要，1904年5月21日，法国、比利时、西班牙、荷兰、丹麦、瑞典、瑞士七国在法国巴黎召开了欧洲各国足球协会代表会议，共同创立了国际足球协会。国际足球联合会正式成立于法国巴黎圣奥诺雷街229号法国体育运动协会联盟驻地的后楼。国际足联的法文缩写为FIFA。当时法国代表格林先生也邀请英国足球协会成员出席会议，但英国人拒绝出席会议。到1905年4月14日英格兰足球协会宣布承认国际足球联合会并要求加入国际足联。苏格兰、爱尔兰、威尔士足球协会也相继步英格兰的后尘加入了国际足联。

爱好足球运动的价值

一、有利于优良品质的形成

经常从事足球运动，不仅对自身良好性格的形成能产生巨大的影响，而且还可以培养人们勇敢顽强、机智果断、奋勇拼搏、坚韧不拔的精神，培养热爱集体、团结协作、密切配合、遵守纪律的优良品质，陶冶文明礼貌、勇于竞争的高尚情操。

二、有利于增进身心健康

经常从事足球运动，可以增进人们的身心健康，发展人们的力量、速度、耐力、灵敏、协调、弹跳等素质水平。特别是对增强人体的心血管系统、呼吸系统等内脏器官功能有极大的益处。长期进行足球活动，心脏功能可大大提高，机能明显得到增强，心肌肥厚，心动徐缓、血压降低。据测定，一名优秀足球运动员的肺活量比正常人要多 2000～3500 毫升。

三、有利于精神文明建设

在改革开放的今天，足球已成为我国许多城市中人们生活的一部分。人们从踢足球中得到情绪体验、从看球中得到艺术享受、从谈论足球中得到思想交流，足球运动丰富了人们的业余文化活动，提高了人们的生活质量。足球已成为一些城市的政治、经济、文化、生活的重要组成部分。它吸引着千千万万个市民，它反映了城市的精神面貌，它是城市形象的标志之一，它是精神文明建设的载体。

四、有利于振奋民族精神，扩大国际交往，增进友谊

现代足球运动的价值和影响，已经远远超出了足球运动的自身范围。它已成为一个国家的政治、经济和文化的一种交流工具，它已经涉及和渗透到很多领域，对振奋民族精神，弘扬民族文化和反映一个国家的综合实力具有重要的意义。在重大国际足球比赛中取胜，能激发人民团结拼搏、进取向上的精神和爱国主义热情。如喀麦隆足球队进入世界杯赛前 8 名时，总统拜耶授予守门员恩科诺和前锋米粒最高公民爵位——"勇敢勋爵"，对全体队员及教练员也授予"勇敢勋章"。

足球比赛可以促进和发展地区间、国际间的交流与交往，加深友谊，增进了解。发展足球运动，不仅被经济发达国家所重视，也被发展中国家所重视。非洲足球的飞速发展就是最好的例证。

五、促进经济发展，创造社会财富

在职业化足球的今天，特别是在市场经济极为繁荣的形势下，足球与商业密不可分，足球经济随之而生。因此，现代足球运动具有极大的商业价值，可以利用足球运动本身的魅力，大力发展足球产业，通过运动员转会费、广告宣传费、电视转播费以及比赛门票、足球彩票、足球服装、场地、器材、俱乐部等其他商业经营获得丰厚利润，不仅促进国家经济繁荣，带动相关领域经济飞速发展，又给俱乐部和运动员带来可观的经济收入。

足球的价值不仅仅限于以上所述，那黑白相间的足球，既可带来胜利的欢乐和激奋，也给人们带来失败的痛苦和沉思；既可展现原始野蛮、激烈的拼争，又可留给我们许多富有人生哲理的思考。

PART 2 历史发展

现代足球运动的发展

前面已经提到，1863 年以后，欧洲一些国家纷纷成立足球协会。1885 年英格兰首创了职业足球俱乐部，并使之合法化。后来职业足球俱乐部在奥地利、西班牙、意大利、匈牙利、捷克等国也取得了合法地位。由于相互之间进行比赛，急需成立一个世界性的足球组织来协调各国之间的比赛。于是欧洲一些国家（如法国、瑞士、瑞典、比利时、西班牙、荷兰、丹麦等）的有关人士于 1904 年 5 月 21 日在法国巴黎发起成立了国际性的足球组织——国际足球联合会，简称国际足联。英文缩写为"FIFA"。国际足联的宗旨是促进国际足球运动的发展，协调各足球协会之间的友好关系。

我国 1931 年加入国际足联。在世界足联的领导下，后又成立了洲足联。其中亚洲足联成立于 1954 年，总部设在马来西亚。从 1900 年第二届奥运会开始，足球被列为奥运会的正式比赛项目。国际足联从 1924 年第 8 届奥运会开始，负责奥运会足球比赛的组织工作。从此足球运动成为世界性的体育运动项目。

1925 年，越位规则的改变对足球战术的发展起到了极为重要的作用，它增加了防守的难度，促使足球比赛向攻守平衡的方向发展。

20 世纪 60 年代中期，世界女子足球运动开始兴起，到 70 年代初期，已经在世界很多国家和地区广泛开展。1971 年，国际足联正式承认女子足球运动。

国际足联的发展

国际足球联合会简称国际足联，它是在法国、比利时、丹麦、荷兰、西班牙、瑞士和瑞典等国代表的共同努力下于 1904 年 5 月 21 日在巴黎成立的。

20 世纪初，最早的几场正式国际足球比赛是在欧洲大陆举行的。从那时起，人们就想成立一个国际足球联盟。法国的罗伯特·格林给各大洲的足联写了一封热情洋溢的信，要求他们研究建立一个国际足联的可能性。

1904 年 5 月 1 日，法、比两国足协的秘书长会晤。格林带头发出召开成立大会的邀请。

在成立大会上，国际足联制订了最初的章程，同时确定：运动员违反当地足协比赛被取消比赛资格的决定，应为其他足协承认。禁止俱乐部和运动员同时效力于不同的足协。各国足协必须每年交纳 50 法郎的会费。

章程从 1904 年 9 月 1 日起开始生效。为使新的国家和地区入会更为方便，最初的章程只是临时性的。

在国际足联成立之日，德国足协打电报表示要参加。

1904 年 5 月 23 日，国际足联举行第一次代表大会，格林当选为第一任主席。

1905 年 6 月 12 日在巴黎举行了国际足联第二次代表大会。此时，德国、奥地利、意大利、匈牙利、苏格兰、威尔士和爱尔兰等国家和地区足协均加入了国际足联。

国际足联一直在考虑举办一次世界足球赛，于是它负责组织了 1908 年在伦敦举行的奥运会的足球赛。

直到 1909 年开始才有欧洲以外的国家和地区的足协陆续加入国际足联。他们是：南非（1909 年 10 月）、阿根廷和智利（1912 年）、美国（1913 年）。至 1987 年，国际足联已拥有 158 个会员，全球登记注册的足球俱乐部有 38 万个，在足球协会登记的运动员达 5200 万人，裁判员 500 万名。

1928 年国际足联会议决定，每四年举办一届世界足球锦标赛。这一比赛从 1930 年开始，到 1986 年共举办了 13 届（因第二次世界大战，1942 年、1946 年两届没有进行）。

国际足联的最高权力机构，是每两年举行一次的代表大会，负责制订法规和条例。每个会员不论国家大小、是否足球强国都一样以民主方式投票。

国际足联的执行机构就是执行委员会。下设仲裁委员会、技术委员会、医务委员会、刊物出版委员会等机构。

国际足联的目标是在全世界促进足球运动，发展会员国（地区）的政府和运动员之间的友好关系，同时赞助和组织足球比赛（如世界杯足球赛、世界青年锦标赛、奥林匹克足球赛和其他新的竞赛）。国际足联

国际足联标志

也监督足球运动，采取措施防止任何违反国际足联法则和条例的行为。它保证由国际足联代表大会制订的规则得以执行。在出现观点分歧和争论的情况下，采取必要的措施来解决。

奥运足球发展史

足球是最早被列入奥运会正式比赛的项目之一，它为现代奥林匹克运动作出了不可低估的贡献。与此同时，现代奥运会对现代足球运动的发展也起了巨大的推动作用。

20 世纪初，现代足球已迅速在欧洲、南美洲全面开展，在其他地区也方兴未艾。奥运会为世界各地的球队和球员，提供了一个在世界范围内，相互交流技艺，相互学习的机会。它在世界杯诞生前的 30 年中，使足球运动得以在全世界普及，促进足球水平有了显著的提高。

第一次世界大战后，蓬勃发展的足球运动为奥运会带来勃勃生机，成为奥运会上最受欢迎的比赛项目，一度被视为奥运会组织者经济来源的支柱。

职业足球的产生和发展，无疑为现代足球向更完善方向迈进起了巨大的作用，但也给以业余为宗旨的奥运会带来了致命的打击。奥运会足球在 20 年代度过了它的黄金时期以后，急剧衰落。许多欧美国家热衷发展职业足球，无意问津奥运会比赛，或者派出水平相差甚远的业余队以充其数。奥运会足球，虽然冠以世界性比赛之名，但其水平，无法与其他项目相比。

为了振兴奥运会足球，国际奥运会和国际足联共同商讨，作出了允许职业球员参加奥运会比赛的决定，不过球员年龄不得超过 23 岁。这个决定首先在 1984 年奥运会上实行，收到了良好的效果。

根据国际足联的安排，奥运会足球赛将成为现代足球的一个年龄组的世界性比赛，即 23 岁以下的世界足球赛。至此，国际足联关于发展全球足球的战略计划已告完成。也就是说，从青少年到成年的球员，都有他们各自的世界性大赛：17 岁以下（前为 16 岁以下）的柯达杯世界青少年锦标赛；20 岁以下的可口可乐杯世界青年锦标赛；23 岁以下的奥运会足球赛，以及不分年龄的以职业球员为主的世界杯足球赛。

自 1896 年首届奥运会起，足球就被列为比赛项目，不过在前四届只是表演项目，到 1912 年的第五届奥运会才被纳入正式比赛项目。由于在 1908 年的第四届奥运会上，开始由国家队参加足球赛，因此，1908 年通常被看作是奥运会足球诞生日。

在奥运会足球史上，人们通常将两次世界大战之间的三届比赛称为黄金时期。

事实上，自足球被列入奥运会的正式比赛项目起，奥运会足球就被卷入一场业余和职业争议的旋涡之中。

在第一次世界大战之前的奥运会上，国际足联和组织者尚未对参赛队员的资格进行严格审查，英格兰的职业足球没有受到挑战，所以英格兰队在 1908 年和 1912 年的两届奥运会上能连续夺标。

战后，职业足球像雨后春笋般地在欧洲大陆上开展起来，但多数是隐蔽性的，而带有明显色彩的英格兰球队受到国际足联干预，只能派业余队参赛。结果，在 1920 年的第七届奥运会上，英格兰的霸主地位崩溃，比利时队取而代之，获得冠军。

英格兰队对此提出抗议，与国际足联的关系恶化。在此之后的 10 多年中，英格兰没有再派队参加奥运会足球赛。

与此同时，南美足球迅猛发展，开始在奥运会上崛起，开创了奥运足球的全盛时代。

第一代球星的出现，观众像潮水一样涌向球场是奥运会足球兴盛的主要标志。

以"黑珍珠"为尊称的乌拉圭球星何塞·利昂德罗·安德拉德，以及其他一批球星脱颖而出，成为世界足坛上的第一代球星。利昂德罗不仅为乌拉圭队在1924和1928年两届奥运会上夺魁立下汗马功劳，而且也是乌拉圭队在首届世界杯赛上称冠的主方队员。

球星的出现，使比赛的水平有了质的提高。比赛变得精彩、激烈。在第八和第九届奥运会进行决赛时，观众如潮，门票被抢购一空，成千上万的球迷为买不上门票，看不上比赛而感到懊丧和不快。

南美足球的崛起，使得欧洲足球黯然失色，而且给这块足球运动沉睡的南美大陆带来生机，国际足坛开始了欧洲、南美对抗的新时代。

第八届奥运会于1924年5、6月间在法国巴黎举行，为期14天的足球比赛成为巴黎人日常生活的话题。比赛中冷门迭爆，趣闻横生。

乌拉圭队千里迢迢，横渡大西洋，来到巴黎，赛前为人们冷落，无人注意。可是他们在首轮赛中以7：0大胜南斯拉夫队，一夜之间成为热门队。球队中，除利昂德罗成了巴黎人的偶像外，罗曼诺、斯龙佩特隆也是人们心目中的球星。

乌拉圭队不负众望。他们乘胜追击，在第二轮中以3：0胜美国队，复赛中5：1胜法国队，半决赛中2：1胜荷兰队，最后在决赛中3：0胜瑞士队，摘取冠军桂冠。

乌拉圭队横扫欧洲对手，所向披靡，势不可挡，引起了欧洲足坛的注意。他们踢的是不同于英格兰的南美风格足球，球员控球好，战术多变，推进速度快，简直是战无不胜。难怪最后一场决赛，哥伦坡球场座无虚席，还有10000名无票观众涌塞在球场门口，无法身临其境，一饱眼福。

瑞士队也在进军亚军的道路上，击败了立陶宛、捷克斯洛伐克、意大利和瑞典等队，获欧洲冠军称号（当时尚无欧洲锦标赛）。

立陶宛队以0：9输给瑞士队后无认输之意。他们声称，球队是在坐了3天3夜的火车后于比赛当天早上才到达巴黎的，因此虽败犹荣。

而对瑞士队来说，他们也是好事多磨。他们事先没有估计到能进入半决赛，因此他们只订了到复赛踢完后就回家的计划安排，为期10天的火车回程票到期，他们手中也没有钱花了，只好申请后援，尔后由《体育报》出面筹足费用，4天后重返巴黎。在半决赛中以2：1胜意大利队。

这次比赛的另一个冷门是上届奥运会足球赛冠军比利时队的惨败。他们在第一轮轮空后首赛与瑞典队对阵，结果也是不堪一击，以1∶8败下阵来。

但是比赛的最大冷门是非洲弱队埃及队以3∶0击败当时风靡全欧、有"红魔"之称的匈牙利队，进入了复赛。

无论从哪一点来说，第八届奥运会足球赛是现代奥林匹克运动史上最辉煌的一次比赛。

然而，英格兰足协不肯善罢甘休，继续就"业余"的确切含义向国际足联步步紧逼，要求作出明确的解释。在1920年罗马会议上国际足联作出了实际上承认隐蔽的职业足球为业余足球的瑞士提案。这一提案进一步激化了英伦三岛足协与国际足联的关系。4个足协集体退出足联，以示抗议。

在这风口上，隐蔽职业足球最为明显的奥地利、匈牙利、捷克斯洛伐克也被禁止参加1928年在荷兰阿姆斯特丹举行的第九届奥运会足球赛。北欧国家，除南斯拉夫外的东欧国家也未派球队参加。

受乌拉圭队夺冠的鼓舞，阿根廷、智利、墨西哥等南美国家都鼓足勇气，横越大西洋，踊跃参加比赛。但是，参赛队数还是减少到17个，比赛水平也大受影响。

这届奥运会的足球赛，引人注目的有以下3件可称之为新闻的事件：首先，埃及队继续创奇迹。他们不但在首轮赛中以7∶1胜土耳其队，而且在复赛中2∶1胜葡萄牙队，进入前四名。在20年代，一支来自非洲的球队，在世界性的比赛中有如此成绩，的确是相当惊人的了。

其次是意大利队开始崭露头角。他们在首轮赛中4∶3胜法国队，复赛与西班牙队虽经交手两次才决出胜负，但在第二场比赛中以7∶1获胜，也说明意大利队确是一支实力雄厚的球队。他们在半决赛中只以2∶3负于乌拉圭队。如果说，意大利队在这届奥运会上是他们实力的预演，那么，他们在1934年和1938年的世界杯赛，以及1938年在奥运会上夺魁，则是真正地显示了他们强大的实力。最后的新闻是乌拉圭和阿根廷两支南美队双双进入决赛，形成了南美足球的垄断局面，对欧洲足球无疑是一个严峻的挑战。

乌拉圭队连续击败荷兰、法国和意大利队而进入决赛，阿根廷队则先后战胜美国（11∶2）、比利时和埃及队获得决赛权。

决赛也进行了两场才见分晓，两队先以1∶1踢平，三天后再战，乌拉圭队替换了6名新手上场，进攻力虽然有所削弱，但后方防守力很强，守门员马扎利立了战功。上半时双方踢成 1:1 平，下半时，阿队防守出现漏洞，乌拉圭队一个快速反击，斯卡龙攻入关键一球。

乌拉圭队在关键的第二场比赛，能果断地撤下老将，最后夺得冠军，还靠了一个拖后中卫的作用，后来被足球界把这个位置称为"清道夫"。这说明，南美球队在用兵战术上有了明显的特点。

两年以后，乌拉圭和阿根廷队在首届世界杯赛决赛上再次相遇，进一步巩固了南美足球在国际足坛上的垄断地位。

连续三届奥运会将欧洲一流球队拒绝于门外，促成了首届世界杯赛在 1930 年揭开序幕。而世界杯赛的产生直接使奥运会足球陷入困境并衰落下去。1932 年的洛杉矶奥运会，欧洲国家的足球队没有一个队对这次比赛感兴趣，国际奥委会无计可施，只能放弃足球赛。

然而，国际奥委会认识到，奥运会没有足球比赛，收入就成问题，因此，决定在 1936 年柏林第十届奥运会上恢复足球比赛。

在举行了两届世界杯赛后，世界各国足球体制迅速发生变化。过去为参加奥运会而采取隐蔽职业足球体制的国家已不需要再遮遮掩掩，正大光明地宣布实行职业足球，到世界杯赛上去显身手。因此，国际足联要求柏林奥运会作为世界业余足球的竞技比赛。

由于整个奥运会受到希特勒法西斯政权的一手操纵，比赛带有强烈的政治色彩，为军国主义所利用，奥运会足球也更加暗淡无光。

唯一可值得提的是冠军意大利队的教练波佐。他是 1934 年世界杯冠军意大利队教练。他后来执教的这支业余队（主要由大学生组成）夺取了冠军。接着他又从球队中选了 3 名优秀球员，加入意大利职业国家队，在 1938 年的世界杯赛上卫冕成功，可谓有功之臣。

第二次世界大战后，职业足球在欧洲、南美绝大多数国家兴起，奥运会足球赛成为年轻业余选手进入职业队的跳板。但是，苏联及东欧国家（除南斯拉夫外）仍坚持隐蔽的职业足球，这种形式的足球赛无疑使这些国家足球队在奥运会上占有明显的优势。

在从 1952 年到 1980 年共八届的奥运会中，苏联和东欧国家一直处于足球赛中的垄断地位，其中有五届，他们囊括了前三名（甚至前四名）。

东欧国家的这种足球体制引起了西方国家的强烈反对，1956 年墨尔本奥运会时，大多数欧洲国家拒绝参加，奥运会足球再次陷入危机。

1960 年，国际足联曾作出决定：凡参加过世界杯赛的队员不得参加奥运会足球赛。这就是说，其他职业队员可以参加，但到 1972 年，国际足联又中止了这一决议。苏联及东欧国家再次受益。

1972 年，苏联及东欧国家包揽了慕尼黑奥运会足球赛前四名。1976 年，民主德国用 1974 年参加世界杯赛的原班人马参加蒙特利尔奥运会，一举夺得金牌；波兰队也以世界杯第三名阵容参赛，获银牌，苏联队也以一批老手参赛获铜牌。1980 年莫斯科奥运会足球赛前四名再次被东欧国家垄断。

1978 年，国际足联又规定，并于 1983 年重申：欧洲和南美国家不得让参加过世界杯赛（包括预选赛）的队员参加奥运会，但由于确定球员的职业或业余的资格的权利在各国奥委会，问题仍然没有解决。

1984 年，国际足联主席阿维兰热宣布，除欧洲和南美参加过世界杯赛的队员不得参加奥运会的规定外，今后不再区分职业和业余。奥运会足球有了希望。1984 年洛杉矶奥运会足球赛水平有明显提高，法国和巴西分获冠亚军。

1988 年 7 月，国际足联正式决定，今后的奥运会足球赛将在年龄上限制在 23 岁以下，也不再对其他条件加以限制，并成为国际足联系列赛四个年龄组中的一个世界大赛，这个决定将从第 24 届奥运会以后实行。无疑，作出这个决定，并确能付诸实施，那么，奥运会足球不仅将成为培养年轻球员的最好场所，而且在不远的将来，奥运会足球将再次振兴，成为继世界杯足球赛之后的第二个世界性的足球大赛。

世界杯史话

前面提到，现代足球运动起源于英国。1896 年第一届现代奥运会在希腊举行时，足球就被列为正式比赛项目。丹麦人以 9∶0 大胜希腊，成为奥运会第一个足球冠军。

但是，奥运会足球赛在其发展过程中出现了"职业"选手和"业余"选手之分，如何进行比赛引起了争论。这就迫使国际足联不得不作出举办新的世界性的足球比赛的抉择。

到 20 世纪 20 年代，英国、奥地利、西班牙、意大利、匈牙利、捷克斯洛伐克等欧洲国家的职业足球先后取得了合法地位，这些国家的优秀运动员全部集中到职业俱乐部中，而奥运会的比赛又只许业余运动员参加，因为选派的国家队不是自己国家的最强阵容，不能反映出这些国家足球运动的真正水平。所以 1928 年奥运会，西班牙、奥地利、捷克斯洛伐克、匈牙利等国拒绝参加。有些国家把职业运动员当作业余运动员报名参加比赛，这样也损害了其他国家的利益，这种情况下产生的冠军是难以令人信服的。因此，创办一个新的世界性足球比赛的问题迫在眉睫，当然这个新比赛必须消除"职业"与"业余"的界限，各国可选派出最强的选手，决定谁是真正的世界足球冠军。

1928年奥运会结束后，国际足联召开代表会议，以25票对5票通过决议，举办4年一届的世界足球锦标赛。这一比赛从1930年开始，到2010年已经举办了19届（因第二次世界大战，1942年、1946年两届没有进行）。

世界足球锦标赛设金杯一座，用纯金1800克铸造，杯高30厘米，形状为胜利女神双手托起金杯，因此也叫"女神杯"。1956年国际足球联合会在卢森堡召开代表会议，决定把锦标赛的名称改为"雷米特杯赛"。这是为了表彰前国际足联主席雷米特（法国人）。他在1921年至1954年担任国际足联主席33年之久，并且是世界足球锦标赛的发起者和组织者。后来又有人建议把前两个名字连起来，叫"世界足球锦标赛——雷米特杯"，最后在赫尔辛基的代表会议上又一次改名，叫"世界足球冠军赛——雷米特杯"，简称为"世界杯"。

金杯为流动奖品，冠军队所在国家可以将金杯保存4年，到下届大赛前将此杯交还国际足联。如果哪个国家三次获得世界冠军称号，金杯便永远归其所有。在1970年墨西哥举行的第九届世界杯赛时，乌拉圭、意大利、巴西，都已获得过两次冠军称号，他们都有永远捧走金杯的机会，结果巴西人取得了胜利，永远占有了雷米特金杯。

为此，国际足联还得准备一个新奖杯，以发给下届冠军。1971年5月，国际足联举行新杯审议会，通过对53种方案评议后，决定采用意大利人加扎尼亚的设计方案——两个力士双手举起地球的设计方案。这个造形象征着世界第一运动的规模。新的奖杯定名为"大力神杯"。该杯高36.8厘米，重6.175千克，其中4.97千克的主体由真正的纯金铸造。底座由两层孔雀石构成，珍贵无比。1974年第十

大力神杯

届世界杯赛，德国队作为冠军第一次领取了新杯。这回，国际足联规定新杯为流动奖品，不论哪个队获得多少冠军，也不能永久占有此杯。在大力神杯的底座下面有能容纳镌刻 17 个冠军队名字的铭牌——可以持续使用到 2038 年。大力神杯是现今足球世界杯的奖杯，是足球界的最高荣誉的象征。

大力神杯无论从构造、价值、珍贵度等方面来看，都绝非世界上其他任何奖杯可比。

世界杯赛程分为预选赛阶段和决赛阶段两个阶段。世界杯预选赛阶段分为六大赛区进行，分别是欧洲、南美洲、亚洲、非洲、北美洲和大洋洲赛区，每个赛区需要按照本赛区的实际情况制订预选赛规则，而各个已报名参加世界杯的国际足联（FIFA）会员国（地区）代表队，则需要在所在赛区进行预选赛，争夺进入世界杯决赛阶段的名额。

世界杯决赛阶段的名额目前是 32 个，决赛阶段主办国可以直接获得决赛阶段名额，除主办国外，其他名额由国际足联根据各个预选赛赛区的足球水平进行分配，不同的预选赛赛区会有不同数量的决赛阶段名额。注：国际足联规定，从 2006 年世界杯预选赛起，卫冕冠军需要参加其所属区域内的世界杯预选赛，从而只有东道主可以入围决赛圈 32强的比赛。

2010 南非世界杯标识

世界杯决赛阶段的主办国必须是国际足联（FIFA）会员国（地区），而且会员国（地区）需要向国际足联提出申请（可以两个会员联合申请承办），然后通过全体国际足联（FIFA）会员国（地区）投票选出。

32 支球队将会到主办国进行决赛阶段的比赛争夺冠军。决赛阶段 32 支球队通过抽签被分成 8 个小组，每个小组 4 支球队，进行分组积分赛，各个小组的前两名共十六支球队将获得出线资格，进入复赛；进入复赛后，十六支球队按照既定的规则确定赛程，不再抽签，然后进行单场淘汰赛，直至决出冠军。

我国现代足球的发展

一、现代足球的传入

1840 年鸦片战争后，中、英签订了不平等的《南京条约》，香港沦为英国殖民地。大约在 19 世纪 60 年代前后，现代足球运动传入香港。在 1900 年前后，北京、广州、天津、南京、武昌等地的一些教会学校在西方传教士影响下也开展了现代足球运动。这些学校的学生毕业后走向社会，现代足球运动也随之逐渐由学校发展到社会，由沿海地区发展到内地。

二、旧中国足球运动发展的几个阶段

（一）发展时期（1908 年～1923 年）

这一阶段各类足球比赛活动开展较多。举办过两届全国运动会，每届都有足球比赛。各大城市的大学校际之间的足球比赛频繁进行，而且还有不同地区的大学之间的足球比赛。1913～1923 年间，当时的中国足球队曾参加了 6 届中、日、菲三国组成的远东运动会的足球比赛，并获得第 2～6 届的足球比赛冠军。中国足球队在远东运动会上五连冠的成就，为中华民族在国际上赢得了荣誉。这些对普及和提高当时的足球运动水平起到了积极的作用。南华足球队于 1923 年 7～11 月出访澳大利亚，此为旧中国体育运动队首次出国比赛。

（二）兴盛时期（1923 年～1937 年）

这一时期是旧中国足球运动水平达到巅峰时期。足球运动由学校发展到社会，由沿海大城市发展到内地。此期间全国先后派出多支球队出访国外，如南洋和中华足球会足球队、乐华和东华足球会足球队等，并且也与来访的外国球队如日本的关西大学队、早稻田大学队、朝鲜国家队等队进行比赛。全国各地的球队或球会组织的成立和频繁的国内国际比赛，特别是中国足球队在第 7 届、第 10 届远东运动会足球比赛中两次夺冠。旧中国足球队还参加了 1936 年在柏林举行的第 11 届奥运会足球比赛。这些足球活动为中国足球运动水平的提高和扩大国际影响起到了重要的作用。

这一时期的全国性足球比赛有两种：全国运动会足球比赛和全国足球分区赛。全国运动会足球比赛在 1924～1935 年间共举行过 4 届；全国足球分区赛自 1926～1933 年间共举行过 7 届，参加单位以大行政区为单位。由于参加比赛的只有少数几个队，起不到全国比赛的作用，全国足球分区赛于 1934 年终止。

（三）抗日战争时期（1937 年～1945 年）

抗日战争爆发后，中华民族的生存受到威胁，各项体育活动包括足球运动都受到严重影响，国内大城市的足球比赛大大减少。

1933 年 5 月 30 日在江西革命根据地举行的中华苏维埃共和国第一次运动会和同年举行的"八一"运动会，均有足球比赛。当年 7 月瑞金县少先队总部举办的少年运动员选拔赛也有足球比赛。1942 年由延安体育会举办的"九一"运动会，足球比赛被列为 13 个表演项目之一。

（四）解放战争时期（1945 年～1949 年）

抗战胜利后，足球运动在基础较好的地区如香港、上海、东北等地恢复的较快，并且先后组建了像上海的青白足球队、沈阳的东北风足球队、大连的中青队、隆华队、新青队等一些有实力的足球队。这些球队特别是青白足球队和东北风足球队在国内与国际比赛中取得了较好的成绩。如东北风足球队在天津以 6∶0 大胜英国海军"黑天鹅"队；青白足球队在泰国、新加坡、马来西亚等国征战 21 场，胜 13 场，平 5 场，仅负 3 场，这些胜利大大地振奋了民心。此期间中国政府还派中国足球队参加了 1948 年 8 月 2 日～13 日在英国伦敦举行的第 14 届奥运会足球比赛。但是在西北、西南地区，足球运动仍处落后状态。如在 1948 年 5 月 5 日～16 日在上海举行的全国第七届运动会的足球比赛中，西北、西南两大行政区只有四川和贵州两省派队参加了足球比赛，这两大行政区的其余各省均没有派队参加足球比赛。总的来看，国内足球运动的发展处于不平衡的状态。

三、新中国足球运动的发展

（一）创业初期（1949 年～1960 年）

这一时期在中国共产党和人民政府的关怀下，全国建立了较系统的少年业余体校、省市代表队和国家队训练体系。成立中央体训班（即国家队），1956 年 4 月 15 日国家体委颁布了《青少年业余体育学校章程》（草案），要求开展青少年业余训练，为培养优秀运动员打基础，全国各地业余体校相继成立；1956 年根据《中华人民共和国运动竞赛制度暂行规定》（草案），开始实行甲乙级联赛，同年还开始实行运动员和裁判员等级制。1958 年又开始实行甲乙级升降制。在这一阶段，国家体委还多次召开有关会议，为提高足球运动水平不断创造良好的环境和条件。1954 年选派首批国家青年队赴匈牙利进行学习，这批队员在匈牙利学习了一年半，他们足球运动技术水平提高很快，回国后为国内足球运动水平的提高发挥了重大的作用。1955 年 1 月 3 日中国足球协会成立。

国家体委在大力重视开展各种足球比赛活动、完善各种组织训练、竞赛制度、管理体制及其他方方面面的规章制度的同时，也极为重视足球运动研究。1955 年国家体委邀请了苏联足球专家苏施科夫来北京讲学，并与李鹤鼎教授一起主持了全国首届足球研究生班，为国家培养了一批足球运动科学的研究人员，也为大专院校培养了高水平的专业师资和足球科研骨干；同时，国家体委还邀请外国专家、教练执教国内的球队，为国内教练员进行短期培训。这些措施为国内足球运动水平的提高提供了重要的条件，创造了良好的发展足球运动的外部环境。国内足球运动水平、比赛成绩提高幅度较大。如 1958 年北京足球队、"八一"足球队分别与获得第 16 届奥运会足球冠军的苏联国家队踢成平局；1959 年我国国家足球队战胜匈牙利奥林匹克足球队，并在中、苏、匈三国对抗赛上获得亚军。天津队、北京队、上海队和广州队与瑞典的冠军队尤哥登队四场比赛中取得 1 胜 2 平 1 负的成绩；1960 年我国国家足球队还获得中、朝、越、蒙四国对抗赛的冠军。我国足球运动水平虽然取得了明显的进步，但是国家足球队在重大国际比赛中的成绩仍处于落后状态。如 1957 年国家足球队首次参加第 6 届世界足球锦标赛预选赛，以一球之差负于印度尼西亚足球队，失去了第 6 届世界锦标赛亚非第一组的出线权。

（二）曲折发展（1961 年～1965 年）

由于受自然灾害，经济上的严重困难，以及训练指导思想、训练方法中的失误等因素的干扰，这一时期我国足球运动的发展受到严重的影响。全国甲级联赛的场次减少了，规模也缩小了，其他各种比赛大量削减，国际交往更是锐减。1960 年国家足球队仅参加了 1 次国际性比赛，

1961 年没有参加国际性比赛。全国多数足球队中断了训练，运动水平大幅度下降，致使国家队在 1963 年第 1 届新兴力量运动会足球比赛中未能进入前 4 名。这是我国足球运动水平在经过前一阶段迅速发展提高后首次在重大国际比赛中遭受挫折。

三年自然灾害过后，随着国家经济的恢复和发展，足球运动迅速得到恢复。1964 年 2 月 27 日至 3 月 12 日在北京由国家体委、全国总工会、共青团中央、教育部共同举办召开了全国足球训练工作会议。这次会议对新中国成立 14 年以来的足球工作首次进行了系统总结。会后国家体委发出了《关于大力开展足球运动，迅速提高技术水平的决定》。此文根据当时的现状，提出四项具体措施，首次提出了"从难、从严、从实战（比赛）需要出发进行大运动量训练"的"三从一大"的训练指导思想，并且改进了全国甲乙级全年双循环升降级制度，确定了以京、津、沪、广州、武汉、旅大、沈阳、南京、延边、梅县为 10 个全国足球重点发展城市和地区。在这些举措的推动和影响下，我国的足球运动水平开始回升。1965 年国家队重新组建，并在第二年取得了亚洲新兴力量运动会足球赛第 2 名。

（三）波澜前进（1966 年～1977 年）

"文革"使得刚刚恢复的足球运动水平重新跌回深谷。全国足球竞赛、训练、科研、教学等活动几乎全部停止，足球队处于瘫痪状态。据不完全统计，这一时期解散省区市和解放军足球集训队 56 支，被迫离开足球场的专业教练员有 115 人，运动员有 1124 人，还有一大批科研和业务人员，足球运动受到极大的破坏。其中在 1967～1970 年间，各级别足球竞赛和国际往来全部停止。

1971 年尝试性地举行了全国集训赛，但青少年比赛仍未恢复。从 1972 年起逐渐开始恢复各项足球比赛。1972 年举行的全国五项球类运动会上有足球比赛，1973 年恢复了全国足球联赛、全国青年足球比赛、全国足球分区赛和 11 单位小足球比赛。1975 年举行了第 3 届全运会，在这届全运会上设有成人和少年足球比赛项目。1976 年除其他比赛外增办了全国 16 单位少年足球分区赛。这些比赛使得足球运动开始有所恢复，但是由于后来所谓的"体育革命"，足球运动水平再次下降，并且造成了足球队伍青黄不接，足球运动队的后备力量严重匮乏。

（四）改革开放（1978 年～1991 年）

1976 年"文化大革命"结束，国内的政治局面趋于稳定，经济形势好转，足球运动也重新得到发展。

1978 年开始恢复全国甲乙级队双循环升降级制的比赛，并逐步建立了成年、青年的比赛系统。1979 年 6 月 6 日国务院批准下发了《国家体委关于提高我国足球技术水平若干措施的请示》这一重要文件。该文件中有针对性地提出了包括在群众中特别是在青少年中大力普及足球运动，抓好足球运动和重点地区，迅速组建国家青年足球队，大力加强科研工作等 9 大措施。同年 11 月召开全国足球工作会议，会议除重点讨论了如何贯彻国务院批准的《关于提高我国足球技术水平若干措施的请示报告》外，还就如何开展青少年足球运动、大力培养足球后备人才进行了深入地讨论，并且在原来 10 个全国足球重点发展城市和地区的基础上又重新确定了 16 个重点城市和地区。它们是京、津、沪、广州、武汉、旅大、沈阳、南京、延边、梅县、重庆、青岛、长春、昆明、石家庄、西安共 16 个全国足球重点发展城市和地区。此后相继增设了"萌芽杯"、"幼苗杯"、"希望杯"三杯赛。

1981 年 12 月在北京召开全国足球训练工作会议，总结了建国 30 年来足球训练工作的经验与教训。认识到群众基础薄弱、后备力量不足、训练和比赛质量不高、技术水平跟不上世界足球发展的趋势是我国当时的主要问题。明确了当前的主要任务是要迅速完善训练体制、加强训练基础建设、提高各级代表队的训练水平。

1982 年，国家体委、教育部、共青团中央颁发了《关于在全国中小学积极开展足球活动的联合通知》这一重要文件，为足球后备力量的培养起到了重要作用。1985 年 11 月在南京召开全国足球训练工作会议。本次大会为今后的足球训练提高提出了明确的方针、原则和指导思想。同年还在天津召开了全国第一届足球论文报告大会。1986 年年底，国家体委成立了足球办公室，由足球办公室统管全国的足球训练、比赛、外事等工作。1988 年 11 月 16 日至 11 月 19 日在广东佛山召开全国第 2 届足球论文报告大会。1990 年 2 月国家体委发出了《关于中国足协实体化的通知》，至此国家体委足球办公室撤销，宣告了中国足球协会向实体化过渡的开始，中国足球走向了职业化的发展道路。

在这一阶段，国家体委多次召开全国足球训练工作会议，同时还协同教育部和共青团中央几次颁发重要文件，召开足球论文报告会，为足球运动的提高做了大量的工作，使得足球运动水平不断提高。

在国内足球运动水平不断取得进步、提高的过程中，我国的足球运动事业在国际足球活动中也取得了一些重大成果。继 1974 年 9 月中国足球协会被亚足联第6届大会接纳为亚洲足联会员之后，1980年7月7日国际足联第42届代表大会批准了国际足联执委会1979年10月13日通过的重新接纳中华人民共和国足球协会为会员的决议，从此中国足球又回到了世界足球大家庭。这一重大成就在中国足球史上又增添了光辉的一页。此外，我国还成功地举办了多次较大规模的国际比赛。如1985年成功地举办了首届"国际足联16岁以下柯达杯世界锦标赛"，1983年和1988年两次在广州举办了国际女子足球邀请赛和国际足联国际女子足球锦标赛，1990年在北京成功地举办了第11届亚运会足球比赛等等。

在这一阶段，我国国家队、青年队及少年队参加正式的国际比赛也大大增多。我国足球队先后参加了亚洲杯、亚运会、奥运会、世界杯等重大国际正式比赛。如：国家男队1978年在第8届亚运会足球比赛中取得第3名，1988年打入第24届奥运会足球决赛圈。国家青年男队曾于1983年和1985年分别打入第二届和第三届世界青年足球锦标赛的决赛圈。国家少年男队在首届世界少年足球锦标赛上进入前8名。更值得一提的是，我国女子足球运动水平在这一阶段得到迅速发展，并取得了鼓舞人心的成绩。如：1986年12月中国女子足球队在第6届亚洲杯女子足球锦标赛上取得冠军，1988年广州举行的国际足联国际女子足球锦标赛上取得第4名，1989年在香港第7届亚洲杯女子足球锦标赛上再次取得冠军。

上述足球比赛活动的组织举办成功、各级球队在国际比赛中的积极进取表现，以及其他各方面的大力支持等等，不但为国内足球运动水平的提高起到促进作用，而且还扩大了中国足球运动在国际上的影响。

四、中国足协和全国足球比赛

（一）中国足协的职能与组织机构

1. 中国足协的职能

中国足协是全国唯一的领导全国足球运动的权威机构，负责制定全国足球发展规划及有关足球规章、制度、法规；制订足球国际活动计划，并组织实施；管理各级国家队；培训、考核、审批、颁发足球教练员的中、高级上岗执教资格证书，审批运动健将等高级称号；负责与国际足联、亚洲足联等国际组织和国家（地区）协会的联络；制订和批准全国足球竞赛计划、比赛规程、比赛纪律，审定足球竞赛规则，组织国内、国际重大足球比赛；培训、考核和审批国家级以上足球裁判员；计划和管理各级优秀足球队的训练工作；审定各级足球教学大纲和教材；组织足球科学研究工作；组织国内外足球人才交流；出版足球刊物，加强与新闻界的联系，推动足球宣传，处理足球竞赛活动中的违章事件；根据足球事业的发展需要，开展多种经营，为足球事业筹集资金等。

2. 中国足协的组织机构

中国足协设主席 1 人，副主席若干人，下设若干职能部门。

中国足协是国家体育总局领导下的一个事业单位，行使部分政府机关职能，同时又是中华全国体育总会的团体会员。

（二） 全国足球比赛

男子：全国足球甲级队 A 组联赛、全国足球甲级队 B 组联赛、全国足球乙级队联赛、足协杯赛、全运会足球比赛和全国青年足球联赛 U—21、U—19、U—17。

女子：全国女子足球锦标赛、全国女子足球联赛、全国女子青年足球联赛、中国女子足球超级联赛和全运会女子足球赛。

PART 3 目前状况

世界职业足球俱乐部

俱乐部是个外来语，是英文 Club 的音译，原来的意思是"总会"或"社交圈"，泛指娱乐场所。俱乐部是一种组织制度的代名词，传统意义上的俱乐部大多数为会员制，会员交纳会费，民主选举管理层，制定规章制度，会员的活动范围在一定程度上是封闭的。

现代足球在世界各地发展的不平衡和水平的高低不一，一方面是由于它与各地的普及程度有关，另一方面则直接受到职业化程度的影响。欧洲和南美洲的足球，无论技术、战术水平，还是比赛成绩，都要高出其他地区一大截。这种现象，除由于足球高度普及外，主要还是广泛地开展职业足球。球员受职业化培养，球队靠职业化训练和管理，职业足球垄断了这些地区的足坛。

职业足球是现代足球发展的必然，它随着足球运动的兴起而产生，也随着足球运动的发展而壮大。英格兰不仅是现代足球运动的发源地，而且也是职业足球的摇篮。

第二次世界大战后，职业足球在绝大多数欧洲、南美国家迅速兴起和发展。东欧国家中，南斯拉夫也于 1966 年第一个正式宣布接受职业足球的制度。

职业足球到 20 世纪 50 年代进入全盛时期，70 年代达到高潮。

职业足球最重要的特征是俱乐部制。俱乐部是一个实体，属国家和地区足协领导，但经济和管理上完全独立，其主要经济来源是靠门票、电视转播费、广告费、球员转会费等收入。管理上采用聘任制，根据教练员、球员的技能和表现发给薪金和奖金。双方订有合同，并具法律效力。

一、职业足球俱乐部基本条件

在欧美地区，各国足球协会和职业足球联盟对职业足球俱乐部成立及相关的条件、数量等有着严格的限制。一般而言，足球俱乐部必须具备以下四个基本条件才可以提出申请：①要有标准的比赛场地和相应的训练场地；②要拥有一定的注册资金和周转资金；③要有一支相当实力水平的球队；④要承担后备力量的培养，附设青少年队伍。

在以上四个条件中，前两个是足球俱乐部得以正常运转的保证，第三个是足球俱乐部的基本保证和参与标志，第四个是职业足球俱乐部的基础。这是欧美国家职业足球俱乐部普遍的准入条件。

二、职业足球俱乐部基本特点

（一）足球俱乐部实行独立经营核算

所谓独立经营核算，意味着足球俱乐部是一个独立的经济实体，是一个企业。足球俱乐部在符合条件的情况下向本国足球协会及有关单位提出书面申请，同时必须提供地方政府部门出具的符合要求的足球场地证明，在足协登记注册后，足球俱乐部即享有法人权利。经济上自筹资金，自负盈亏，根据国家有关规定上缴利润和税收。足球俱乐部在规定约束的范围内进行自由竞争，同时可通过各种渠道筹措资金，并受法律保护和约束。

值得一提的是，国外的足球俱乐部是高度商业化的经济实体，俱乐部的管理权交由既懂经济又懂足球的专家来担任，而且经济专家占据更为重要的地位，因为他既要使足球队赢球，又要让俱乐部赚钱。在意大利足坛曾流行这样一种说法，当部长容易，当职业足球队的管家难。各足球俱乐部为了生存，对于机构和人员的设置与安排，采取优化组合，上至董事长，下至一般工作人员都需采取公开招标考核的方式进行，凡符合条件者，双方签订带有严格约束力的合同。在足球俱乐部工作的职员都要有较高的文化修养、商业知识和实际经营的经验以及足球专业知识。

（二）教练员、运动员实行合同制

根据球队建制的要求，足球俱乐部在经济实力允许的条件下，依据足协规定的范围，自由聘请教练员和运动员。同时，教练员和运动员也具有充分的自主权和选择权，根据自身条件和球队的环境来自由选择足球俱乐部。当然，合同制是职业足球俱乐部管理的核心，是规范各方面关系的法律基础，也是保证各方利益在各自职责要求范围内的法律文本。为了调节合同关系中的争议事项，双方商定仲裁协议以保证纠纷的合法性和公平性，教练员、运动员和足球俱乐部合同关系中的一切纠纷，一般由劳动法庭解决。

总之，职业足球俱乐部是一个独立的经济实体，有一套行之有效的管理体系，并实行严格的科学管理。

我国足球俱乐部现状

中国足球队在第 25 届奥运会亚洲区预选赛决赛阶段失利，使人们对进行国内足球运动的改革呼声更高。作为我国体育领域内的改革突破口，国内足球运动的改革——向着职业化的方向迈出了有历史意义的一步，这一步以 1992 年北京红山口召开的全国足球工作会议为标志。这次会议明确提出了改革体制、转换机制是我国足球运动继续发展的根本问题，要推行俱乐部体制，走职业化的发展道路。1993 年在大连全国足球工作会议上又进一步提出了"继续深化改革，深入整顿是今后我国足球界的两项主要任务"。改革的主要内容是实现足协实体化，建立和完善足球俱乐部体制，国内实行人才流行与引进，运动员实行注册制，比赛许可证制，确立新赛制。从 1994 年起实行以俱乐部职业队为主的全国甲级 A 组联赛，实施"绿茵工程"，深入整顿的内容是解决足球界"不团结、不虚心、不严格、不刻苦"的"四不现象"。该次会议还提出了今后 10 年中国足球发展的总目标和指导思想，制定了《中国足球事业十年发展规划（1993～2002 年）》。

红山口会议吹响了国内足球改革的进军号，中国足球运动在随后的几年中运动水平有了明显的提高和进步。

一、专业运动队

职业化以前，中国省级足球队均为事业性质下的专业运动队，是在社会主义计划经济体制下，由国家拨款，配置资源，统一选拔，培养人才，专门从事体育训练比赛的。球队不但有充分的训练比赛时间、设施、器材和经费的保障，还享有工资、奖金和各种福利待遇等，而且可以创造出比业余体校更优异的运动成绩，是典型的"大锅饭"式的包干制。如北京足球队，它是北京市体育运动委员会直接领导下的专业运动队，全称为北京市足球队，代表北京市参加所属行业协会、全国运动会和承担对外比赛、交流等任务。

随着人们思想认识的不断提高，中国政治经济不断进步，特别是1978年党的十一届三中全会的召开，中国各级足球队在形式上发生了微小变化。如球衣装备上出现了新的变化，进入1985年后，有的省市如广东和湖北等省级足球队开始尝试与企业"联姻"，在一些商业性比赛中冠以企业的名称，这样做，一方面为球队和体委获取一些经济利益（当时的行话是创收），另一方面也为企业产品商品的推广提供宣传（后来称之为广告效益）。但有一点必须注意的是，受当时的政策、制度等限制，企业赞助的彩色球队服装上标有"企业名称"的球队是不允许在全国正式比赛中亮相的，只能参加非官方的比赛，如邀请赛、对抗赛或教学比赛。1986年，广东足球队和半球集团采用这种形式的结合体。再如湖北足球队，它是湖北省市体委下属的一支专业足球队，20世纪80年代中期湖北足球队曾获得沙市日化公司的赞助，为了回报企业赞助，湖北足球队以"活力28"足球队的名称参加非正式比赛。辽宁省足球队是这一时期中表现较为突出的球队，连续10次获得全国足球冠军（含联赛、全运会和足协杯）。1986～1990年期间与沈阳东北制药厂"联姻"，冠以"东药"在亚洲足球俱乐部杯赛上或一些非正式的比赛中亮相。"东药"是沈阳市具有60多年历史的原东北制药厂，是沈阳市首批试点股份制改制企业之一，2004年进入全国企业500强，2005年获得全国制造业100强。东药连续5年赞助辽宁足球队，是赞助球队时间最长的企业，特别是1988年，以辽宁东药足球队的名称首次参加亚俱杯，开创了中国足球队对外比赛冠名的先河，1990年第二次参加亚俱赛就获得了冠军。

总之，足球职业化之前的省市球队都是计划经济体制下的专业球队，严格按体制条件进行建制，不敢越雷池一步，只有少数球队尝试着球队名称的改变，在这种情况下，专业足球队也悄悄地发生了变革。

二、我国俱乐部发展历程

客观上说，在足球职业化初期，由于对足球俱乐部的建立还缺乏足够的认识，绝大多数俱乐部只是简单粗放型地包装一下就匆匆进入。随着职业足球和职业联赛的不断深入，足球俱乐部体制也相应发生变化，由原来的企业和体委联办到企业、体育局等联合成立有限责任公司或股份有限公司，到体育局（原体委）逐步推出（指的是有形资产）企业"冠名"球队，逐渐过渡到直接介入俱乐部和球队的管理，从而成为俱乐部、球队的投资人和经营者，使俱乐部的经营模式有了很大的改善。

从中国各职业足球俱乐部体制构成来看，最基本、最普遍的模式是政企联办，即体委出队、企业出资和政府给政策的三结合体制，这种"三结合"式在 26 个甲级俱乐部中就存在 21 个，占当时全国足球俱乐部的 80%，同时还兼有其他的建制形式，如企业独办和股份制等。按照类型的不同，中国甲级俱乐部的主要构成形式如下：

第一种形式是股份有限公司制，如上海申花足球俱乐部股份有限公司、山东鲁能泰山足球俱乐部股份有限公司、辽宁足球俱乐部股份有限公司等。

第二种形式是有限责任公司制（包括国有独资公司），如湖北武汉职业足球俱乐部有限责任公司、前卫寰岛足球俱乐部有限责任公司和天津泰达足球俱乐部有限责任公司等。

第三种形式是企业分支机构制（或分公司），如北京国安足球俱乐部，从 1994 年至今一直都沿用这一结合方式。

第四种形式是社会团体法人制（或会员制），如深圳足球俱乐部、延边敖东（后为现代、长春亚泰）足球俱乐部、四川全兴足球俱乐部等。

从以上足球俱乐部组成形式上可以看出，初期的中国职业足球俱乐部体制上还很混乱，无具体统一的组织形式，尚有待规范，难以适应市场和经济发展的要求，同时也为日后矛盾的发生留下了隐患。

三、资本足球俱乐部模式

2004 年实行中超以来，中国足球俱乐部并存着多种形式的资本投入，不同投资主体的投资组成了不同的资本结构，并以公司形式在民政、工商等部门登记、注册。对比中超公司俱乐部实体的有关规定，虽然在体制上建立了俱乐部实体，但真正意义上的足球俱乐部治理体系是不健全的，主要体现在俱乐部没有明晰的、规范的、合理的股权结构。

针对目前多数足球俱乐部资本构成方式的不规范，有研究者认为，过分集中的股权结构并非是一种有效机制，其最终结果有可能使俱乐部的"隧道行为"更为严重。解决职业足球俱乐部实体问题的一个积极有效的方式就是鼓励并积极推行投资人、运动员、裁判员、球迷、足球管理人员甚至其他不同身份的社会相关利益者参与到俱乐部管理中来，实现俱乐部投资结构层次的多样化，并尽可能使俱乐部实体多元化和利益获得者多极化，使法人的产权与投资者的所有权相分离，实行高度自治，保持俱乐部的法人企业、企业法人或法人治理结构。

现代足球运动发展趋势

一、足球的攻守矛盾促进足球竞技水平不断提高

足球运动是由攻与守这一对矛盾所组成，从足球运动发展的历史来看，进攻能力的提高必然导致防守的加强，提高防守能力来制约进攻，而要打破这种制约，迫使大家深入研究再提高进攻能力。它们是相互制约、相互促进的关系，不断地提高足球竞技水平。

二、全攻全守型打法是现代足球发展的必然趋势

自从全攻全守的打法问世以来，对运动员的身体、技战术、心理的全面发展要求越来越高，运动员既要有自己擅长的位置，同时又要适应其他位置，这样就使整体的力量和个人的特点都能得到充分发挥，比赛显得充满活力。

三、各种流派相互学习、取长补短，不断完善自己

足球运动员在世界范围内的大流动，促进了各流派之间的融合，使各流派之间的差异逐渐缩小。就目前来看，各自的特点仍比较鲜明，只是吸收了其他流派的长处，不断充实完善自己。但是，融合是一种趋势，而各流派之间的差异仍然存在。

四、速度越来越快，对抗越来越激烈

现代足球比赛的进攻速度大大加快了，使得防守不得不加快速度才能抵御进攻。这种高速度的比赛节奏使攻守双方的对抗越来越激烈，因此攻守之间的转换也十分迅速，足球比赛攻守的焦点就是射门，这一矛盾的焦点将永远是世界性的难题。

PART 4 竞赛规则

比赛场地

尺寸

比赛场地必须是长方形，边线的长度必须长于球门线的长度。

长度：90～120米。

宽度：45～90米。

国际比赛：

长度：100～110米。

宽度：64～75米。

世界杯采用的长度是105米，宽度是68米。

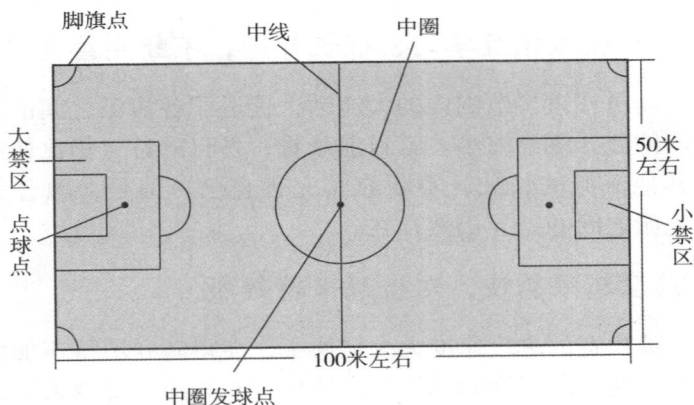

足球比赛场地

标记

比赛场地是用线来标明的，这些线作为场内各个区域的边界线应包含在各个区域之内。

两条较长的边界线叫边线，两条较短的线叫底线。

所有线的宽度不超过 12 厘米（5 英寸）。

比赛场地被中线划分为两个半场。

在场地中线的中点处做一个中心标记，以距中心标记 9. 15 米（10 码）为半径画一个圆圈。

球门区

球门区在场地的两端，规定如下：

从距每个球门柱内侧 5. 50 米（6 码）处，画两条垂直于球门线的线。这些线伸向比赛场地内 5. 50 米（6 码），与一条平行于球门线的线相连接。由这些线和球门线组成的区域范围是球门区。

罚球区

罚球区在场地的两端，规定如下：

从距每个球门柱内侧 16. 5 米（18 码）处，画两条垂直于球门线的线。这些线伸向比赛场地内 16. 5（18 码）米，与一条平行于球门线的线相连接。由这些线和球门线组成的区域范围是罚球区。

在每个罚球区内距球门柱之间等距离的中点 11 米（12 码）处设置一个罚球点。在罚球区外，以距每个罚球点 9. 15 米（10 码）为半径画一段弧。

旗杆

在场地每个角上各竖一根不低于 1. 5 米（5 英尺）的平顶旗杆，上系小旗一面。

在中线的两端、边线以外不少于 1 米（1 码）处，也可以放置旗杆。

角球弧

在比赛场地内，以距每个角旗杆 1 米（1 码）为半径画一个四分之一圆。

球门

球门必须放置在每条球门线的中央。

它们由两根距角旗杆等距离的垂直的柱子和连接其顶部的水平的横梁组成。

两根柱子之间的距离是 7.32 米（8 码），从横梁的下沿至地面的距离是 2.44 米（8 英尺）。

两根球门柱和横梁具有不超过 12 厘米（5 英寸）的相同的宽度与厚度。球门线与球门柱和横梁的宽度是相同的。球门网可以系在球门及球门后面的地上，并要适当地撑起以不影响守门员。

球门柱和横梁必须是白色的。

安全性

球门必须是牢固地固定在地上，如果符合这个要求才可使用移动球门。

决议

● 决议一

如果横梁移位或折断，应停止比赛直至修好复位。如果不可能修复，则中止比赛。不允许用绳子替代横梁。如果横梁可以修复，应在停止比赛时球所在的地点以坠球方式重新开始比赛。

● 决议二

球门柱及横梁必须用木材、金属或被批准的其他材料制成。其形状可为正方形、长方形、圆形或椭圆形，并不得对队员构成危害。

● 决议三

从球队进入比赛场地至上半场结束离场，下半场重新进入比赛场地至比赛结束，任何商业广告，不管是实物的还是图文的，都不允许出现在比赛场地和场地设备上（包括球门网和球门网内的地面）。特别是在球门、球门网、角旗杆或角旗上不得有广告出现，也不得安装任何附属设备（如摄像机、麦克风等）。

● 决议四

在比赛场地外的地面技术区域内和距边线 1 米范围内，不允许有任何形式的广告出现。

另外，在球门线和球门网之间的区域内也不允许有广告出现。

● 决议五

如同决议三所述，在比赛期间，国际足球联合会、洲际联合会、国家协会、联盟、俱乐部或其他团体的代表性标志或图案的复制品，不管是实物的还是图文的，都禁止出现在比赛场地和场地设备上（包括球门网和球门网内的地面）。

● 决议六

在比赛场地外，距角球弧 9.15 米（10 码）且垂直于球门线处做一个标记，以保证在踢角球时守方队员能遵守规定的距离。

球

质量和测量

球

● 圆形；

● 用皮革或其他适当的材料制成；

● 圆周不长于 70 厘米（28 英寸）、不短于 68 厘米（27 英寸）；

● 重量在比赛开始时不多于 450 克（16 英两）、不少于 410 克（14 英两）；

● 压力在海平面上等于 0.6 ~ 1.1 个大气压力（600 ~ 1100 克/平方厘米、8.5 ~ 15.6 磅/平方英寸）。

比赛标准用足球

坏球的更换

如果球在比赛过程中破裂或损坏，那么就停止比赛。

● 用更换的球在原球破漏时所在地点以坠球方式重新开始比赛。

如果球在开球、球门球、角球、任意球、罚球点球或掷界外球等成死球时破裂或损坏就按照相应的规定重新开始比赛。

在比赛中未经裁判员许可不得更换球。

决议

● 决议一

只有符合规则第二章规定的最低技术要求的足球方可在比赛中使用。

在国际足联和洲际联合会主办的比赛中，所使用的球必须带有下列三种标志之一：

第一种，正式的"国际足联批准"标志。

第二种，正式的"国际足联监制"标志。

第三种，经证明的"国际比赛球标准"。

在球上印有这些标志就表明该球已被正式检测，并符合各个级别所规定的特殊技术要求。球的最低技术要求已在规则第二章中说明。这些与各个级别有关的特殊要求必须得到国际足球理事会的同意。相关的检测机构也要得到国际足联的同意。各国足协的比赛可以要求使用符合上述三种标志之一的球。其他比赛用球必须符合规则第二章的要求。

● 决议二

在国际足联、洲际联合会和国家协会主办的比赛中，除了比赛及比赛组织者的标志和制造商的商标外，不允许在球上出现任何商业广告。竞赛规程可限制此类标志的尺寸和数量。

队员人数

队员

一场比赛应有两队参加，每队上场队员不得多于 11 名，其中必须有一名守门员。如果任何一队少于 7 人则比赛不能开始。

正式比赛

在由国际足联、洲际联合会或国家协会主办的正式比赛

足球比赛对阵图

中，每场比赛最多可以使用3名替补队员。

竞赛规程应说明可以有几名替补队员被提名，从3名到最多不超过7名。

其他比赛

在其他比赛中，可依据下列规定使用替补队员：

- 有关参赛队在最多替补人数上达成协议；
- 在比赛前通知裁判员；

如果比赛开始前未通知裁判员或各参赛队未达成任何协议，则可以使用的替补队员人数不得超过3名。

所有的比赛

在所有的比赛中，替补队员名单必须在比赛开始前交给裁判员。未被提名的替补队员不得参加比赛。

替补程序

替补队员时必须遵守以下规定：

- 替补前应先通知裁判员；
- 替补队员在被替补队员离场，并得到裁判员信号后方可进入比赛场地；
- 替补队员只能在比赛停止时从中线处进场；
- 当替补队员进入比赛场地，即完成了替补程序；
- 从那时起，替补队员成为场上队员，而被替补队员终止为场上队员；
- 被替补下场的队员不得再次参加该场比赛；
- 所有替补队员无论上场与否，裁判员均有权对其行使职权。

更换守门员

任何场上队员都可与守门员互换位置，并规定：
- 互换位置前通知裁判员；
- 在比赛停止时互换位置。

违规／判罚

如替补队员未经裁判员许可擅自进入比赛场地：

- 停止比赛；
- 对该替补队员予以警告并出示黄牌令其离开比赛场地；
- 在比赛停止时球所在地点以坠球方式重新开始比赛。

如果队员与守门员互换位置前未得到裁判员许可：

- 继续比赛；
- 有关队员将在比赛成死球时被警告并出示黄牌。

对于任何其他违反此规则的：

- 有关队员将被警告并出示黄牌。

重新开始比赛

如果裁判员停止比赛执行警告：

- 由对方队员在比赛停止时球所在地点踢间接任意球重新开始比赛。

被罚出场

队员在开球前被罚令出场，只可从被提名的替补队员中选一人替换。

凡被提名的替补队员被罚令出场，无论是在开球前或在比赛开始后，均不得替换。

决议

- 决议一

按照规则所述条件，一个队所剩的上场队员的最少人数由国家协会决定。然而理事会认为，如果任何一队少于 7 人，将不能继续比赛。

- 决议二

一名球队官员可以在比赛时向队员进行战术指导，给予指导后必须回到自己的位置，所有的球队官员必须处于指定的技术区域内，并对自己的行为负责。

队员装备

安全性

队员不得使用或佩戴可能危及自己及其他队员的装备或任何物件（包括各种珠宝饰物）。

基本装备

队员必需的基本装备是：

- 运动上衣；
- 短裤——如穿紧身内裤，必须与短裤的主色同一颜色；
- 护袜；
- 护腿板；
- 足球鞋。

护腿板

- 必须由护袜全部包住；
- 由适当的材料制成（橡胶、塑料或其他类似材料）；
- 提供适当程度的保护。

守门员

- 每名守门员的服装颜色必须有别于其他队员、裁判员和助理裁判员。

违规/判罚

对于任何违反此规则的：

- 比赛不需要停止；
- 裁判员指出上场队员的装备有问题后，该队员应离开比赛场地去调整装备；
- 除非该队员已经调整好装备，否则应在比赛停止成死球时离开比赛场地；
- 离开比赛场地调整装备的队员在未得到裁判员许可前不得重新进场；
- 裁判员在允许队员回场前需检查队员装备；

●队员只有在比赛成死球时方可重新进入比赛场地。

队员因违反以上规则而离开比赛场地，在未得到裁判员同意即进入（或重新进入）比赛场地时，将被警告并出示黄牌。

重新开始比赛

如果裁判员停止比赛执行警告：

●由对方队员在比赛停止时球所在地点踢间接任意球重新开始比赛。

裁判员

裁判员的权力

每场比赛由一名裁判员控制，他被任命具有全部权力去执行与比赛有关的竞赛规则。

权限和职责

裁判员：

●执行竞赛规则；

●与助理裁判员及当有第四官员时，和他们一起控制比赛；

●确保任何比赛用球符合规则第二章的要求；

●确保队员装备符合规则第四章的要求；

●记录比赛时间和比赛成绩；

●因违反规则停止、推迟或终止比赛；

●因外界干扰停止、推迟或终止比赛；

●如果他认为队员受伤严重，则停止比赛，并确保将其移出比赛场地；

●如果他认为队员只受轻伤，则允许比赛继续进行直到成死球；

●确保队员因受伤流血时离开比赛场地。该队员经护理流血停止，在得到裁判员信号后方可重回场地；

●当一个队被犯规而根据"有利"条款能获利时，则允许比赛继续进行。如果预期的"有利"在那一时刻没有接着发生，则判罚最初的犯规；

- 当队员同时出现一种以上的犯规时，则对较严重的犯规进行处罚；

- 裁判员不必立即向可以被警告和罚令出场的队员进行处罚，但当比赛成死球时必须这样做；

- 向对自己行为不负责任的球队官员进行处分，并可酌情将其驱逐出比赛场地及其周围地区；

- 对于自己未看到的情况，可根据助理裁判员的意见进行判罚；

- 确保未经批准的人员不得进入比赛场地；

- 比赛停止后重新开始比赛；

- 将在赛前、赛中或赛后向队员和球队官员进行的纪律处分，及其他事件的情况用比赛报告提交有关部门。

裁判员的决定

裁判员根据与比赛相关的事实所作出的决定是最终的。

只有在比赛未重新开始前，裁判员可以根据自己的判断或助理裁判员的意见而改变确实不正确的决定。

决议

决议一

裁判员（同样适用于助理裁判员或第四官员）对下列情况不承担法律责任：

队员、官员或观众的任何受伤；

任何财产的任何损坏；

由于，或者可能由于他根据竞赛规则所作出的判决，或者按照正常程序要求维持、进行和控制比赛而对任何个人、俱乐部、公司、协会或类似机构所造成的任何损失。

这可以包括：

- 裁判员根据比赛场地及其周围情况，或天气的影响决定比赛是否进行；

- 决定由于各种原因而取消比赛；

- 决定比赛中所用的设备及其固定情况，包括球门立柱、横梁、角旗杆和比赛用球；

- 由于观众的影响或观众席中的任何问题，决定是否停止比赛；

- 决定是否停止比赛允许受伤队员移出比赛场地接受治疗；
- 决定要求或坚持要求将受伤队员移出比赛场地接受治疗；
- 决定队员是否可以穿着某种服装或装备；
- 决定（在其职责范围内）是否允许任何人（包括球队或体育场官员、安全官员、摄影记者或其他新闻宣传的代表）出现在比赛场地附近；
- 裁判员根据竞赛规则或依照国际足联、洲际联合会、国家协会或联盟对该比赛制定的规程或规定而作出的判决。

决议二

在锦标赛或联赛中被指派的第四官员，其作用和职责必须要与国际足球理事会认可同意的规定相一致。

决议三

与比赛相关的事实应包括进球是否得分和比赛的结果

助理裁判

职责

每场比赛应委派两名助理裁判员，他们的职责（由裁判员决定）应为示意：

- 当球的整体越出比赛场地时；
- 应由哪一队踢角球、球门球或掷界外球；
- 可以判罚处于越位位置的队员时；
- 当要求替换队员时；
- 当发生裁判员视线外的不正当行为或任何其他事件时；
- 无论何时，当犯规发生时助理裁判员比裁判员更接近于犯规地点（特别是这种犯规情况发生在罚球区内）；
- 当踢球点球时，在球被踢之前守门员是否向前移动，以及球踢出后是否进门。

协助

助理裁判员还应依据竞赛规则协助裁判员控制比赛。在特殊情况下，助理裁判员可以进入场地协助裁判员控制好9.15米的距离。

助理裁判员如有过分干预或不合适的表现时，裁判员可解除其职责并将报告提交有关部门。

比赛时间

比赛分为两个半场，每半场45分钟。特殊情况经裁判员和双方同意另定除外。任何改变比赛时间的协议（如因光线不足每半场减少到40分钟）必须在比赛开始之前制定，并要符合竞赛规程。

中场休息

队员有中场休息的权利。

中场休息不得超过15分钟。

竞赛规程必须阐明中场休息的时间。

只有经裁判员同意方可改变中场休息时间。

扣除损失时间

在每半场比赛中损失的所有时间应被扣除：

- 替换队员；
- 对队员伤势的估计；
- 将受伤队员移出比赛场地进行治疗；
- 拖延时间；
- 任何其他原因。

根据裁判员的判断扣除损失的时间。

罚球点球

如果执行罚球点球或重新执行罚球点球，每半场结束时间可延长至罚球点球结束。

决胜期

竞赛规程可以规定再进行两个半场相等时间的比赛。规则第八章的规定也能适用。

中止的比赛

除竞赛规程另有规定外，中止的比赛应重新进行。

比赛开始

预备

通过掷币，猜中的队决定上半场比赛的进攻方向。

另一队开球开始比赛。

猜中的队在下半场开球开始比赛。

下半场比赛两队交换比赛场地。

开球

开球是比赛开始和重新开始的一种方式：

- 在比赛开始时；
- 在进球得分后；
- 在下半场比赛开始时；
- 在决胜期两个半场开始时。

开球可以直接射门得分。

程序

- 所有队员在本方半场内；
- 开球队的对方队员，应距球至少 9.15 米（10 码），直到比赛进行；
- 球应放定在中心标记上；
- 裁判员发出信号；
- 当球被踢并向前移动时比赛即为进行；

- 开球队员在球未经其他队员触及前不得再次触球。

某队进球得分后，由另一队开球。

违规/判罚

如果开球队员在其他队员触球前再次触球：
- 由对方队在犯规发生地点踢间接任意球。

重新开始

- 重新开球。

坠球

坠球是在比赛进行中因竞赛规则未提到的原因而需要暂停比赛之后，重新开始比赛的一种方法。

程序

裁判员在比赛停止时球所在的地点坠球。

当球触地比赛即为重新开始。

违规/判罚

重新坠球：
- 如果球在接触地面前被队员触及；
- 如果球在接触地面前未经队员触及而离开比赛场地。

特殊情况

判给守方在其球门区内的任意球，可从球门区内的任何地点踢出。

判给攻方在其对方球门区内的间接任意球，从距犯规发生地点最近的、与球门线平行的球门区线上踢出。

比赛暂停之后，在距比赛停止时球所在的球门区内的地点最近的、与球门线平行的球门区线上坠球，重新开始比赛。

比赛进行及死球

比赛成死球

下列情况比赛成死球：
- 当球不论从地面或空中全部越过球门线或边线时；
- 当比赛已被裁判员停止时。

比赛进行

其他所有时间均为比赛进行中，包括：
- 球从球门柱、横梁或角旗杆弹回场内；
- 球从比赛场地上的裁判员或助理裁判员身上弹回场内。

计胜方法

进球得分

当球的整体从球门柱间及横梁下越过球门线，而此前未违反竞赛规则，即为进球得分。

获胜的队

在比赛中进球数较多的队为胜者。如两队进球数相等或均未进球，则比赛为平局。

竞赛规程

竞赛规程应说明，若比赛结束为平局，是否采用决胜期或国际足球理事会同意的其他步骤以决定比赛的胜者。

越　位

越位位置

队员处于越位位置本身并不是犯规。

队员处于越位位置：

- 队员较球和对方第二名队员更接近于对方球门线。

队员不处于越位位置：

- 他在本方半场内；
- 他齐平于倒数第二名对方队员；
- 他齐平于最后两名对方队员。

犯规

处于越位位置的队员，在同队队员踢或触及球的一瞬间，裁判员认为其就下列情况而言"卷入"了现实比赛中时才被判为越位犯规：

- 干扰比赛；
- 干扰对方队员；
- 利用越位位置获得利益。

没有犯规

如果队员直接从下列情况下接到球，则没有越位犯规：

- 球门球；
- 掷界外球；
- 角球。

违规／判罚

对于任何越位犯规，裁判员应判给对方在犯规发生地点踢间接任意球。

犯规与不正当行为

下列情况将被判罚犯规或不正当行为：

直接任意球

裁判员认为，如果队员草率地、鲁莽地或使用过分的力量违反下列六种犯规中的任何一种，将判给对方踢直接任意球：

- 踢或企图踢对方队员；
- 绊摔或企图绊摔对方队员；
- 跳向对方队员；
- 冲撞对方队员；
- 打或企图打对方队员；
- 推对方队员。

如果队员违反下列四种犯规中的任何一种，也判给对方踢直接任意球：

- 为了得到对球的控制而抢截对方队员时，于触球前触及对方队员；
- 拉扯对方队员；
- 向对方队员吐唾沫；
- 故意手球（不包括守门员在本方罚球区内）。

在犯规发生地点踢直接任意球。

罚球点球

在比赛进行中无论球在什么位置，如果队员在本方罚球区内违反了上述十种犯规中的任何一种，应被判罚球点球。

可警告的犯规

如果队员违反下列七种犯规中的任何一种，将被警告并出示黄牌：

1. 犯有非体育道德行为；
2. 以语言或行动表示异议；
3. 持续违反规则；

4. 延误比赛重新开始；
5. 当以角球或任意球重新开始比赛时，不退出规定的距离；
6. 未得到裁判员许可进入或重新进入比赛场地；
7. 未得到裁判员许可故意离开比赛场地。

罚出场的犯规

如果队员违反下列七种犯规中的任何一种，将被罚令出场并出示红牌：

1. 严重犯规；
2. 暴力行为；
3. 向对方或其他任何人吐唾沫；
4. 用故意手球破坏对方的进球或明显的进球得分机会（不包括守门员在本方罚球区内）；
5. 用可判为任意球或点球的犯规破坏对方向本方球门移动着的明显的进球得分机会；
6. 使用无礼的、侮辱的或辱骂性的语言及动作；
7. 在同一场比赛中得到第二次警告。

被罚令出场的队员必须立即离开比赛场地附近和技术区域内。

决议

决议一

队员无论是在比赛场内或场外，无论是直接对对方队员、同队队员、裁判员、助理裁判员或其他人犯有应被警告或罚令出场的行为，都将根据犯规性质进行处罚。

决议二

当守门员利用手臂的任何部位接触球后，便可认为是已经控制球。此控制球包括守门员故意地用手臂挡球，但不包括裁判员认为该球是意外地从守门员手臂弹回，例如守门员扑救球后。

决议三

根据规则第十二章的条款，队员可以用头部、胸部和膝盖等传球给守门员。然而，如果裁判员认为，在比赛进行中，该队员是利用规则而故意设置骗局，则是犯有非体育道德行为，他将被警告，并由对方在犯规发生地点踢间接任意球。

当踢任意球时，队员利用规则而故意设置骗局，则将因非体育道德行为而被警告并出示黄牌，该任意球重踢。

此种情况下，与守门员随后是否用手触球无关，主要是因该队员企图利用规则第十二章的条文和精神而造成的犯规。

决议四

从后面抢截而又危及对方安全的动作应被视为严重犯规。

决议五

在场地的任何地点试图欺骗裁判员的佯装行为，必须作为非体育道德行为而进行制裁。

不正当

在比赛进行中无论球在什么位置，如果队员在本方罚球区内违反了上述数种犯规中的任何一种，应被判罚球点球。

间接任意球

如果守门员在本方罚球区内违反下列四种犯规中的任何一种，将判给对方踢间接任意球：

- 用手控制球后在发出球之前持球超过 6 秒；
- 在发出球之后未经其他队员触及，再次用手触球；
- 用手触及同队队员故意踢给他的球；
- 用手触及同队队员直接掷入的界外球。

裁判员认为，队员在出现下列情况时，也将判给对方踢间接任意球：

- 动作具有危险性；
- 阻挡对方队员；
- 阻挡对方守门员从其手中发球；
- 违反规则第十二章以前未提及的任何其他犯规，而停止比赛被警告或罚令出场。

在犯规发生地点踢间接任意球。

纪律制裁

只有对场上人员、替补队员或是被替换下场的队员，才能出示红黄牌。

任意球

任意球的种类

任意球分为直接任意球和间接任意球两种。

无论是直接任意球还是间接任意球，踢球时必须将球放定，踢球队员在球未经其他队员触及前，不得再次触球。

直接任意球

- 如果直接任意球直接踢入对方球门，判为得分。
- 如果直接任意球直接踢入本方球门，判给对方踢角球。

间接任意球

信号

当裁判员判间接任意球时，应单臂上举过头，并保持这种姿势直到球踢出后被其他队员触及或成死球为止。

球进门

只有当球进门前触及到另一名队员才可得分。

- 如果间接任意球直接踢入对方球门，判为球门球；
- 如果间接任意球直接踢入本方球门，判给对方踢角球。

任意球的位置

在罚球区内的任意球

属于守方的直接或间接任意球：

- 所有对方队员距球至少9.15米（10码）；
- 所有对方队员应站在罚球区外直到比赛进行；
- 当球被直接踢出罚球区比赛即为进行；
- 可以在球门区内任何一点踢任意球。

属于攻方的间接任意球

- 所有对方队员距球至少9.15米（10码）直到比赛进行，除非他们已站在本方球门柱之间的球门线上；

- 当球被踢并移动时比赛即为进行；
- 在对方球门区内踢间接任意球时，应在距犯规发生地点最近的、与球门线平行的球门区线上执行。

在罚球区外的任意球

- 所有对方队员距球至少 9.15 米（10 码）直到比赛进行；
- 当球被踢并移动时比赛即为进行；
- 在犯规发生地点踢任意球。

违规/判罚

当踢任意球时，对方队员比规定距离更接近于球：

- 应重踢。

当守方在本方罚球区内踢任意球时，球未被直接踢出罚球区：

- 应重踢。

由除守门员外的队员踢任意球

如果比赛进行后，踢球队员在其他队员触球前再次触球（用手除外）：

- 由对方在犯规发生地点踢间接任意球。

如果比赛进行后，踢球队员在其他队员触球前故意用手触球：

- 由对方在犯规发生地点踢直接任意球；
- 如果犯规发生地点在踢球队员本方罚球区内，将判罚球点球。

由守门员踢任意球

如果比赛进行后，守门员在其他队员触球前再次触球（用手除外）：

- 由对方在犯规发生地点踢间接任意球。

如果比赛进行后，守门员在其他队员触球前故意用手触球：

- 如果犯规发生地点在守门员本方罚球区外，由对方在犯规发生地点踢直接任意球；
- 如果犯规发生地点在守门员本方罚球区内，由对方在犯规发生地点踢间接任意球。

罚球点球

当比赛进行中，一个队在本方罚球区内由于违反了可判为直接任意球的十种犯规之一而被判罚的任意球，应执行罚球点球。

罚球点球可以直接进球得分。

在每半场比赛或决胜期上下半场结束时，应允许延长时间执行完罚球点球。

球和队员

球：
- 放定在罚球点上。

主罚球点球的队员：
- 确认由其主罚。

防守方守门员：
- 留在本方球门柱间的球门线上，面对主罚队员，直至球被踢出。

除主罚队员外的队员应处于：
- 比赛场地内；
- 罚球区外；
- 罚球点后；
- 距罚球点至少 9.15 米（10 码）。

裁判员

- 应在队员处于规则规定的位置上后发出执行罚球点球的信号；
- 作出罚球点球完成后的决定。

程序

- 主罚队员向前踢出球点球；
- 在其他队员触球前主罚队员不得再次触球；
- 当球被踢并向前移动时比赛即为进行。

在比赛进行当中，以及在上半场或全部比赛结束而延长时间执行或重新执行罚球点球时，如果球在越过球门柱间和横梁下之前遇到下列情况，应判定得分：
- 该球触及任何一个或连续触及两个球门柱、横梁、守门员。

违规/判罚

如果裁判员发出执行罚球点球信号后，球进入比赛之前发生下列情况：

主罚队员在踢球点球时违反竞赛规则：

- 裁判员允许踢出该球点球；
- 如果球进入球门，应重踢；
- 如果球未进入球门，不应重踢。

守门员违反竞赛规则：

- 裁判员允许踢出该球点球；
- 如果球进入球门，得分有效；
- 如果球未进入球门，应重踢。

主罚队员的同队队员进入罚球区，或在罚球点前，或距罚球点少于9.15米（10码）：

- 裁判员允许踢出该球点球；
- 如果球进入球门，应重踢；
- 如果球未进入球门，不应重踢；
- 如果该队员触及了从守门员、横梁或门柱弹回的球，裁判员将停止比赛，由防守方以间接任意球重新开始比赛。

守门员的同队队员进入罚球区，或在罚球点前，或距罚球点少于9.15米（10码）：

- 裁判员允许踢出该球点球；
- 如果球进入球门，得分有效；
- 如果球未进入球门，应重踢。

攻守双方队员都违反竞赛规则：

- 应重踢。

如果球点球踢出之后：

主罚队员在其他队员触球前再次触球（用手除外）：

- 由对方在犯规发生地点踢间接任意球。

主罚队员在其他队员触球前故意用手触球：

- 由对方在犯规发生地点踢直接任意球。

球被外来因素触及而影响了其向前移动：

- 应重踢。

球从守门员、横梁或球门柱弹回比赛场地内，接着被外来因素触及：

- 裁判员停止比赛；
- 在被外来因素触及的地点坠球重新开始比赛。

掷界外球

掷界外球是重新开始比赛的一种方法。

掷界外球不能直接进球得分。

判为掷界外球：

- 当球的整体不论从地面或空中越过边线时；
- 从球越出边线处掷界外球；
- 判给最后触球队员的对方。

程序

在掷出球的一瞬间，掷球者应：

- 面向比赛场地；
- 任何一只脚的部分站在边线上或站在边线外的地上；
- 使用双手；
- 将球从头后经头上掷出。

掷球队员在其他队员触球前不得再次触球。

球一进入比赛场地，比赛即为进行。

界外球的掷法

违规/判罚

由除守门员外的队员掷界外球

如果比赛进行后，掷球队员在其他队员触球前再次触球（用手除外）：

- 由对方在犯规发生地点踢间接任意球。

如果比赛进行后，掷球队员在其他队员触球前故意用手触球：

- 由对方在犯规发生地点踢直接任意球；
- 如果犯规发生地点在掷球队员本方罚球区内，则判罚球点球。

由守门员掷界外球

如果比赛进行后，守门员在其他队员触球前再次触球（用手除外）：

- 由对方在犯规发生地点踢间接任意球。

如果比赛进行后，守门员在其他队员触球前故意用手触球：

- 如果犯规发生地点在守门员本方罚球区外，由对方在犯规发生地点踢直接任意球；
- 如果犯规发生地点在守门员本方罚球区内，由对方在犯规发生地点踢间接任意球；

如果对方队员不正当地阻碍掷球队员或分散其注意力：

- 他将因非体育道德行为被警告并出示黄牌。

对于任何其他违反此规则的：

- 由对方掷界外球。

球门球

球门球是重新开始比赛的一种方法。

球门球可以直接射入对方球门而得分。

判为球门球：

- 当球的整体不论从地面或空中越过球门线，而最后触球者为攻方队员，且根据规则第十章不是进球得分时。

程序

- 由防守方从球门区内的任何一点踢球；
- 对方应在罚球区外直至比赛进行；
- 踢球队员在其他队员触球前不得再次触球；
- 当球被直接踢出罚球区，比赛即为进行。

违规/判罚

如果球未被直接踢出罚球区进入比赛：

- 应重踢。

守门员外队员踢球门球

如果比赛进行后，踢球队员在其他队员触球前再次触球（用手除外）：

- 由对方在犯规发生地点踢间接任意球。

如果比赛进行后，踢球队员在其他队员触球前故意用手触球：

- 由对方在犯规发生地点踢直接任意球；
- 如果犯规发生地点在踢球队员本方罚球区内，则判罚球点球。

守门员踢球门球

如果比赛进行后，守门员在其他队员触球前再次触球（用手除外）：

- 由对方在犯规发生地点踢间接任意球。

如果比赛进行后，守门员在其他队员触球前故意用手触球：

- 如果犯规发生地点在守门员本方罚球区外，由对方在犯规发生地点踢直接任意球。

- 如果犯规发生地点在守门员本方罚球区内，由对方在犯规发生地点踢间接任意球。

对于任何其他违反此规则的：

- 应重踢。

角　球

角球是重新开始比赛的一种方法。

角球可以直接射入对方球门而得分。

判为角球：

- 当球的整体不论在地面或空中越过球门线，而最后触球者为守方队员，且根据规则第十章不是进球得分时。

著名球星齐达内正准备发角球

程序

- 将球放在离球出界处最近的角旗杆的角球弧内；
- 不得移动角旗杆；
- 对方应在距球至少9.15米（10码）以外，直至比赛进行；
- 由攻方队员踢球；
- 当球被踢并移动时比赛即为进行；

● 踢球队员在其他队员触球前不得再次触球。

违规／判罚

由除守门员外的队员踢角球

如果比赛进行后，踢球队员在其他队员触球前再次触球（用手除外）：

● 由对方在犯规发生地点踢间接任意球。

如果比赛进行后，踢球队员在其他队员触球前故意用手触球：

● 由对方在犯规发生地点踢直接任意球；

● 如果犯规发生地点在踢球队员本方罚球区内，则判罚球点球。

由守门员踢角球

如果比赛进行后，守门员在其他队员触球前再次触球（用手除外）：

● 由对方在犯规发生地点踢间接任意球。

如果比赛进行后，守门员在其他队员触球前故意用手触球：

● 如果犯规发生地点在守门员本方罚球区外，由对方在犯规发生地点踢直接任意球；

● 如果犯规发生地点在守门员本方罚球区内，由对方在犯规发生地点踢间接任意球。

对于任何其他犯规：

● 应重踢。

附

决定比赛胜负

金球制和踢球点球决胜是根据竞赛规程的要求，当比赛打平后需要决出胜队时，采用的方法。

金球制

程序

● 在规定比赛时间结束后进行的加时赛中，先进球的一方即为胜方。

- 如加时赛中双方均无进球，则互踢球点球决出胜方。

踢球点球决胜

程序

- 裁判员选定用于踢球点球的球门。
- 采用投币方式，猜中的一方先踢。
- 裁判员对踢球点球做记录。
- 按照下列解释，两队应各踢 5 次。
- 双方轮流踢。
- 如果两队在踢满 5 次前，一队的进球数已多于另一队踢满 5 次时可能射中的球数，则不需再踢。
- 如果两队均已踢满 5 次，双方进球数相同或均未进球，则按同样轮流的顺序踢球点球，直至双方踢球次数相同（无需踢 5 个球），而一队较另一队多进一球时为止。
- 在踢球点球过程中，场上守门员受伤不能继续比赛时，可由竞赛规程规定的最大限额内被提名而尚未使用过的替补队员进行替换。
- 除上一条所述的情况，只有比赛结束时，包括在规定的延长期比赛结束时在场上的队员方可参加踢球点球。
- 每次应由不同的队员踢球点球，直至双方符合资格的队员均踢过一次后，方可踢第二次。
- 在踢球点球的过程中，符合资格的队员可以与守门员互换位置。
- 在踢球点球的过程中，只允许符合资格的队员和执法裁判员在场内。
- 除踢球点球的队员和两名守门员外，其他所有队员必须在中圈内。
- 踢球点球队员一方的守门员必须在罚球区以外的球门线与罚球区线交汇处的比赛场地上。
- 除非另有所述，有关足球竞赛规则和国际足球理事会的决议应在踢球点球决胜时实施。
- 比赛结束时，如果双方人数不等，人数多的一方应减去多出的人数以与对方人数一致，并通知裁判员出场队员的名字和号码。球队队长负责此事。
- 在开始踢球点球决胜之前，裁判员应确定留在中圈里的双方队员人数一致后再执行踢球点球。

技术区域

在规则第三章国际足球理事会决议二中解释了技术区域的概念，它是联系比赛与替补席的特殊区域。

技术区域的大小和位置可以根据体育场的情况做适当改变，以下提供的是一般性指导：

● 技术区域的范围是指，从替补席两侧向外 1 米及向前延伸至距边线 1 米的区域。

● 建议用标记线明确该区域。

● 技术区域内的人数由竞赛规程决定。

● 根据竞赛规程，在比赛前确认替补席内的具体人员。

● 只允许 1 人在技术区域内进行战术指挥，指挥后立即返回替补席。

● 教练员和其他官员须在替补席上，除非诸如场上队员受伤，裁判员允许教练员或医生进场察看伤情时。

● 教练员或其他在技术区域内的人员要对自己的行为负责。

第四官员

● 第四官员由竞赛规程指派，同时在其他三名比赛裁判中的任何一名不能担任执法工作时上场替补。

● 比赛开始前，组委会一定要明确在裁判员不能继续担任临场工作的情况下，应由第四官员担任比赛的裁判员，还是由第一助理裁判员担任裁判员，而第四官员担任助理裁判员。

● 根据裁判员的要求，负责赛前、赛中和赛后的赛场管理。

● 负责比赛中的换人。

● 负责比赛换球。如果比赛中需要更换比赛球，则必须征得裁判员的同意后，方可使用备用球。

● 负责检查替补队员入场前的装备，如发现上场的替补队员装备不符合竞赛规则的要求，应告知裁判员。

● 第四官员应在整场比赛中协助裁判员进行工作。他必须向裁判员指正被误给警告的队员或已经被警告了第二次的队员而并未将其罚令出场，以及发生在裁判员和助理裁判员视野以外的暴力行为。不过，裁判员持有对比赛相关事实作出决定的权力。

- 比赛结束后，第四官员应向有关负责机构提交有关裁判员和助理裁判员没有看到的任何不正当行为，或其他事故报告。第四官员必须对裁判员和助理裁判员的报告提出建议。
- 他有权将技术区域内任何人的不负责任的行为通知裁判员。
- 第四官员应在整场比赛中全力协助裁判员进行工作。

竞赛规则注解

在有关国家足协同意和遵循规则精神的前提下，在 16 岁以下的比赛或女子比赛或老龄组（35 岁以上）比赛或残疾队员的比赛中，可以适当修改规则。

允许对以下各项做任意修改：

球场的大小；

比赛球的大小、质量及材料制成；

两门柱间宽度及地面到球门横木的高度；

比赛时间；

替补队员人数。

如要做进一步的修改，应经国际足球理事会批准。

男子和女子：

对于裁判员、助理裁判员、运动员和官员来讲，男子足球的竞赛规则同样适用于女子比赛。

PART 5 场地设施

足球场地标准

足球比赛的设施，最大的莫过于球场了。它占地约 10 亩左右。

比赛场地必须是长方形。其长度不得多于 120 米或少于 90 米，其宽度不得多于 90 米或少于 45 米。

国际比赛的球场通常是长 105 米，宽 69 米。这个尺度对于设在 400 米跑道的田径场内的足球场也适用。世界杯足球决赛阶段用的球场就是 105 米 ×68 米。

当一个新的足球场修建的时候，人们总是尽可能将球场设计成南北方向。这样是为了避免阳光直射运动员的眼睛，影响他们技术的发挥，有利于训练或比赛。

球场必须平坦自不待言，尤其是球场的地面应力求松软适度，以不伤害运动员及不影响球的正常运动为原则。

一、草坪

国际比赛的足球场是草坪的。但不是山草或野草，而是用比较高级的草铺设的。球场的用草要求幼而短，柔韧不易使人擦伤。

铺设草坪除能起到保护运动员，大大减少受伤事故的作用外，还能在白天比赛时，减弱阳光的反射作用，使队员及观众眼睛受的刺激小一些。

在草坪足球场上比赛基本上风雨无阻，决不至于因下雨队员便玩起泥球来。所以，国际比赛都是在有草坪的足球场上进行的。

草的高度一般在 3 至 5 厘米左右。皮球有很强的弹力，这样在柔软的草地上就可以减少局部弹力，使运动员能运球自如。松软、美观和富有弹性的草皮，有利于技术、战术的发挥和保护运动员的健康。

铺设草皮，也和盖楼相仿，要先打好地基，但是，它的地基要解决的是渗透多余的水的问题。土壤要透水性能好，下面填粗砂、碎卵石和卵石。一般多采用"铺草块"和"栽草根"的方法。一般草块为 20×20 平方厘米或 25×25 平方厘米，6～8 厘米厚。

人造草皮经过多次改进，

足球场地

质量也渐渐近于天然草坪，但比赛中运动员擦伤的发生率却比天然草地高得多。其他方面与天然草地区别不太大。目前，国际比赛很少使用人造草皮。

二、界线

我们看到场地上画有圆的、半圆的、长方的和直的白线，这些统称之为界线。每条线都有各自的功能。场地内的各线必须与地面齐平，不可画成 V 形凹状或高出地面的凸线。线的颜色必须清晰，并与地面的颜色有明显的区别。

各线的宽度不得超过 12 厘米，而且宽度均应相等。球门线必须是 12 厘米，并且必须与门柱宽度相等。

边线与端线的宽度，应包括在场地面积以内；场地各线的宽度，皆应包括在该区域面积以内。也就是说界内也包括界线，如足球压在白线的外沿，有一半在白线外面，该球也不算出界。

球门区域和罚球区域的丈量，皆从门柱内沿和端线的外沿量起。在中场休息时，裁判员应检查场地各线，对模糊不清的要补画清晰。特别是门前各线，必须十分清晰，这样才能有利于裁判员的正确裁决。

足球场是一个长方形的，与球门在一边的短线叫端线。球场两边的长线叫边线。把球场分为两个部分的那条线，即两条边线中点的连线，叫做中线。

三、角旗

球场的四角，各竖一面小旗，这就是角旗。角旗是场地四周界线的标志。角旗的颜色应与巡边员用旗和场地有显著的区别，一般以淡色为宜。晚间利用灯光球场比赛时，最好用白色角旗，或用会发出荧光的材料制做，以利于运动员与裁判员识别。

角旗可用 50×40 平方厘米的布料或绸料制做。旗杆的高度（杆顶至地面），不得低于 1.50 米。旗杆顶端应圆平，以防队员受伤。角旗杆应为木质，垂直竖立于边线与端线外沿交点处。如旗杆折断，应立即更换，以防队员受伤。踢角球时，运动员不得移动角旗。移动角旗属不正当行为，裁判员应予以制止。

角旗不仅是四周界线的标志，主要是便于裁判员、巡边员区分球自边线出界还是从端线出界，及时作出裁决。

四、角球区

以角旗为圆心有一个半圆的弧线，线内即为角球区。划角球区域时，应以边线与端线外沿的交点为圆心，以 1 米为半径，向场内划一90 度弧线，线宽包括在该区域以内。该区是执行角球时放球的区域。球的整体必须放在区内，不能越出该区的界线。

当防守队员为堵截、破坏对方的进攻时，将球踢出本方端线，即由对方将球放在角球区内踢角球恢复比赛。现在足球运动已将罚角球作为一种重要的得分手段，有"角球等于半个球"之说。当对方罚角球时，本方队员精神高度集中，密集防守在门前，常常是大脚将球开出去，以解门前之危。

角球区

而对方队员则埋伏在门前，剑拔弩张，杀机四伏，意在破网。可见，不是在迫不得已的情况下，谁也不愿意将球踢出端线，给对方造成罚角球的机会。

五、中线

横贯球场中间，将球场划为相等场区的线，叫中线。

中线是球场的分界线，犹如"楚河""汉界"。它的两边便是"不共戴天"的两支球队。中线也像两国的边界线，欲进攻，必先冲进对方国界，所以，中场（中线左右）历来是兵家必争之地。开球时，双方队员各自站在本方半场内，不得越过中线。

因中线以内为本方领土，故队员在本方半场内无越位。所以中线也是判断越位的分界线。

在中线两端与边线相接处1米的地方，各竖立一面与角旗大小相同但颜色不同的小旗，叫中线旗，作为中线的标志。

六、球门线

在端线的中间一段，即位于门柱之间的一条线，叫做球门线。球门线的宽度必须是12厘米，并与球门柱相吻合。可别小看这条线，它是判断是否进球的尺度，当球的整体越过球门线外（后）沿，方为进球。

七、中圈

以中线的中点为圆心，以9.15米为半径划一圆圈，叫中圈。

开球时，对方队员须站在中圈以外，这同罚任意球时，守方队员须站在9.15米以外的作用相同。即使攻方开球时不受对方阻碍。

八、球门区

在距球门柱（内侧）各5.5米处的端线上，向场内各画一条长5.5米的垂直线，一端与端线连接，另一端与一条和端线平行的线连接，这三条线与端线范围内的地区叫球门区。

球门区长18.32米（5.5＋7.32＋5.5），宽5.50米。球门区域是执行球门球的规定范围。踢球门球时应把球放在球出界时离门柱较近的半边区域内执行。

在此区域内，守门员受到特殊的保护：规则规定，当守门员手中无球时，对方队员不得向他进行冲撞，但守门员有阻碍行为时则例外。当守门员腾空时则不允许对其冲撞。

总之，球门区是守门员享有特权的地区，也是守门员最怕对方骚扰的地带。

九、罚球区

罚球区也叫禁区。它的范围是在距球门柱（内侧）各16.5米的端线上，向场内各画一条长16.5米的垂直线，一端与端线连接，另一端与一条和端线平行的线连接。这 3 条线与端线范围内的地区就是罚球区。

罚球区长 40.32 米（16.50 + 7.32 + 16.50），宽为 16.50 米。罚球区也是我们看到的球门前小方框（球门区）外的大方框，框内即为罚球区。罚球区同球门一样同属球门禁地，在这个区域内进球率最高，故演出最为激烈，也最扣人心弦。守城卫士会在不犯规的情况下死保球门不失，而攻方诸将则施展浑身解数打破城池。其争夺之激烈，险象之环生，是不难想象的。

在罚球区内，守门员有用手触球的特权，他可以充分发挥这个优势，左突右挡，或没收来球，或拒之门外。

守方队员如在本方罚球区域内犯规或有不正当行为，都有可能被判罚点球。

踢球门球或守队踢任意球时，必须把球直接踢出罚球区以外，比赛才能继续进行，否则就要重踢。在踢球门球时，对方队员应退出罚球区外。在执行这条规则时，裁判员可根据有利无利的原则处理，避免机械地理解和执行。

十、罚球点

在球门区外和罚球区内有一个清晰的圆点，那就是罚球点。此点位于从端线中点垂直伸入场内 11 米处。它的唯一的作用就是标出罚"点球"时放球的位置。因其距门 11 米，等于英制的十二码，故罚点球也通常叫作罚十二码球。这个圆点的直径一般为 21 至 23 厘米。

十一、罚球弧

以罚球点的中心为圆心，以 9.15 米为半径，划一弧线，两端与罚球区的横线相接，这条弧线叫罚球弧。

在执行罚点球的时候，除主罚队员和守门员外，双方队员必须退出罚球区和罚球弧以外（但不能退出场外），也就是说要距离球 9.15 米以外。只有在攻方队员将点球踢出的瞬间，即球滚动一周后，双方队员才能进入罚球区和罚球弧。

十二、球门

在球场的两边各有一个球门，它们是比赛进攻的目标。用合法的手段将球射进球门为胜一球。

球门与两边角旗的距离相等，也就是说，球门应设在两边端线的正中央。球门柱和横木可以是长方形、圆形、半圆形和椭圆形，其宽与厚或直径均为 12 厘米，必须与球门线宽度相吻合。门柱及横木最好是木料，也可以用金属或其他材料制成。一般国际比赛都采用圆形的门柱和横木。方形门柱须将棱角削圆。

球门的颜色应该与球场和球场四周环境、看台背景有明显的区别，一般以白色为宜。

球门的丈量，必须从门柱内侧量起，即两柱内沿相距 7.32 米，横木下沿与地面相距 2.44 米。这样大的球门要守住并非一件易事，这就要求守门员要有良好的意识、准确的判断力、迅速的反应，勇敢顽强、沉着果断、技术精湛、与队友紧密配合，这是必备的素质。

比赛场地的球门应是固定的。为了便于球队练习，可设置活动球门，以便移动使用，并可避免门前的场地或草皮因使用过多而受损伤。平时对球门应加强保护，可以用木柱从地面上支撑横木，以免日久横木下垂。守门员在球门上悬垂，是不正当行为，裁判员应予制止。因

足球与球门

为这样很容易将横木坠弯或折断，影响比赛的进行。

正式比赛中，如横木损坏或折断，应立即停止甚至取消比赛，除非在规则限定的时间内重新修补或更换横木，并对队员无危险性。不可用绳子代替横木。恢复比赛时，由裁判员在比赛停止时球所在的位置抛球。

十三、球网

球门后与球门相接的一个大网子，叫球门网。它的作用主要是帮助裁判员判断球是否进门。

因此，应把网钉牢在地上。网上如有破洞应予修补。球门网须适当撑起，以保证守门员有充分活动的空间。

一般采用两种撑网方法。一种是在门后立两根柱子，用绳从球门后

面将网拉起；另一种是用细铁管做成梯形支架将网撑起。

这两种方法都要求球网的上边距球门1米以外，以使球进网后不再弹出。因此，支网柱不宜过多或距球门太近。球门网只能挂在球门后面，挂钩不得钉在门柱侧面或横木上面。网与球门须紧紧贴牢。

球网宜用较粗的棉线绳、麻绳或尼龙绳制成（尼龙绳不得太细，以免队员冲跑触及时受伤）。

十四、球场四周设置及有关规定

球场四周不得有妨碍运动员活动或可能伤害运动员的障碍物。在边线外至少2米、端线外至少4米处不得有任何障碍物和广告牌；跳跃沙坑亦不宜设在此范围以内。

替补队员的席位应设在中线附近，距离边线至少5米。不应设在端线外球门附近。

教练员不得沿场边走动或叫喊来进行临场指导，否则将受到裁判员的干预和制止，甚至警告。

十五、限制摄影线

球场两条端线之外，角旗后两米处为起点，经端线与球门线交点后3.5米处，至球门柱后6米处各有一条线。

这条线叫"摄影限制线"。它的作用是防止摄影者对比赛的干扰。凡准予临场摄影者，一概不得越过此线。摄影时严禁使用闪光灯之类的人工光源。特别是在国际比赛时，还要限制在场边的摄影人员的人数，以免对运动员产生干扰。

球员的装备

足球球员的常用装备主要包括：运动上衣、运动短裤、护袜、足球鞋、护腿板。

球员上场不得佩戴任何可能伤害他人或者自己的物件。不过，如果裁判或者执法比赛的官员许可，球员可以戴眼镜，但任何安全风险要由其本人承担。

比赛服的颜色

参加比赛的两支球队，其队服颜色要容易区分，同时还要和裁判服装的颜色区分开来。守门员的队服颜色要尽可能地与众不同，既要和场上队员的队服不同，也要和裁判的服装有明显的区别。在一些联赛中，要求球衣背面必须印有队员的号码。

球员可以穿内衬短裤，不过内衬短裤的长度不得超过膝盖，颜色也要与短裤的颜色相同。

遵守着装规则

如果球员违反了任何一条着装规则，裁判都有权将其"请"出场外。

如果处于活球期，裁判可以在接下来的死球期让球员到场外整理好着装。球员整理好着装之后，必须等待裁判的许可才能再投入比赛。

护腿板

护腿板的材料多种多样，有橡胶、塑料以及其他类似的材料。对其型号大小没有什么特殊的规定，对球员小腿骨的保护性才是最重要的。护腿板佩戴的位置应该在膝部以下、小腿正前方。

球鞋

球鞋是足球球员的核心装备之一。每年，各个球鞋厂商都花大价钱研制更为轻便、抓地力更好、穿着更舒适的球鞋，以便球员能有更好的脚感。当然，球鞋厂商们生产球鞋时也要遵守相关的硬性规定。球员在选择球鞋时，要注意确保自己的球鞋不会对其他队员造成伤害。

球

很久以前，人们使用的足球是由皮革制成的，这种材料的足球浸水后会变得更加沉重。现在，足球表面都有一层防水材料，可以保护足球不会被水浸湿。这就意味着，即使在阴湿的环境中踢球，球体本身的重量也不会受到影响。在制作的过程中，还要考虑到球不能对球员的身体造成威胁等因素。

足球的要求

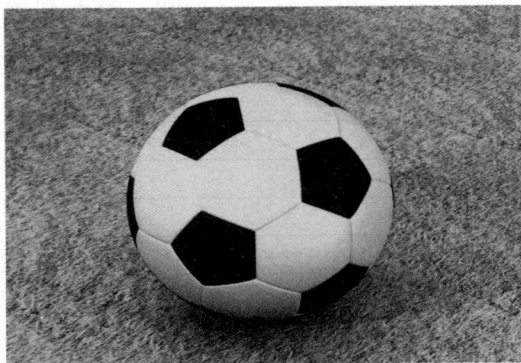

足球

国际足联核准合格标准：

足球是圆形的，以皮革或其他合适的材料制成，一般是为12块黑色正五边形面料与20块正六边形面料拼合而成。球体的圆周，不得超过70公分（28英寸），不得少于68公分（27英寸）。

足球的重量，在比赛开始时，不得超过450公克（16盎司），不得少于410公克（14盎司）。球的气压，在海平面为0.6至1.1大气压力。

更换不合标准的球：如果在比赛中，球破裂或不合标准，停止比赛。更换标准的球，在球破裂的地点，坠球重新开始比赛。如果当时球是在球门区内，则坠球的地点是在平行球门线的球门区线上，最接近比赛停止时球的位置的地点。如果不是在比赛中，如中场开球、球门球、角球、自由球、罚球点球或掷球入场时，球破裂或不合标准：依照规则重新开始比赛。比赛时间内，未经过裁判同意，不可更换比赛用球。

不同型号的足球

一般在成人足球比赛中，都采用5号足球。青少年的足球比赛则采用3号或者4号足球。由于在学校的比赛通常是在人造树脂的场地上进行，所以一般采用带有密封接缝的足球。

PART 6 项目术语

弧线球

足球运动技术名词。指使球呈弧线运行的踢球技术。足球在运行中，由于强烈旋转，使两侧的空气发生差异而形成。由于球呈弧线形运行，故俗称"香蕉球"。

踢弧线球时，脚击球的部位应偏离球的重心。常用于绕过位于传球路线中间的防守队员，或射门中迷惑门员，使之产生错误判断。罚直接任意球时，用弧线球射门已是得分的一种重要方法。

鱼跃扑球

鱼跃扑球是足球运动技术名词，是守门员技术的一种难度较高的扑球技术。鱼跃扑球时以与球同侧的一脚用力蹬地，异侧腿屈膝提摆，使身体向侧面跃出腾空扑球。这个技术增大了守门员的防守范围。

清道夫

清道夫是足球比赛中承担特定防守任务的拖后中卫的别称。在比赛中为了加强防守，在后卫线后面安排一名防守好的队员，其职责是只守不攻，执行单一的补位防守任务，踢走一切攻到本方球门前的来球，因而得名清道夫。

自由人

自由人是足球比赛中采用"一三三三"阵形时拖后中卫的别称。自由人防守时无固定的看守对象，可机动灵活地补位救险，进攻时可插入进攻第一线，是清道夫踢法的发展。作为组织、指挥防守的核心，担当"自由人"的队员要求技术全面，战术意识强，比赛经验丰富。

撞墙式

撞墙式是进攻时的一种过人战术，两人一传一切，接球者接球再给传球者传出球，使传球者传来的球像撞在墙上一样又回去，因此叫撞墙式。

下底传中

下底传中是足球比赛进攻战术之一，指在队员进攻中，通过个人带球突破或集体配合，顺着边线把球推进到对方端线附近，然后长传至对方球门前，其他队员中间包抄射门的战术方法。下底传中这种战术推进速度快，常趁对方防线未稳时射门得分。

插上进攻

插上进攻：足球运动进攻战术之一。指位于第二、第三线的前卫、后卫队员，插入第一线参加进攻的战术方法。

因有纵深距离，故容易摆脱对方的防守，且第二、第三线队员的插上具有较大的隐蔽性和突然性。因此，更具威胁性。后卫插入前锋线直接参加进攻是全攻全守战术的一个重要标志。

交叉换位

交叉换位是足球比赛进攻战术之一，指比赛中进攻队员为了摆脱对方的防守，在跑动中左右换位的战术配合方法。一般是，左侧的队员迅速跑至右侧的队员前接球，右侧队员传球后，交叉跑到左侧位置。这一战术配合改变了队员只在本位置范围内活动的踢法，使之战术更变化多端。

长传突破

足球运动进攻战术之一。运用远距离传球突破对方防线的战术方法。当代足球比赛中，多用于快速反击时。防守队员在本方球门前抢截得球，利用对方压上进攻后不及回防的时机，长传给突前的同伴，以突破对方的防线。

外围传中

外围传中也称45度角传中，是足球运动进攻战术之一，当攻方有身材高大且争顶球能力强的前锋队员时，持球队员在对方球门约成45度角的区域时，用过顶长传把球传向处于对方罚球区附近的同伴，使同伴用头顶球进攻对方球门，这种战术称为"外围传中"。在防守队员已经及时退回防守，且双方队员都密集在球门前30~40米的区域时，运用这种打法可取得较好的效果。

造越位

造越位是足球比赛的一种防守战术，越位是指进攻队员在传球一刹那，接球队员与对方端线之间防守队员不足 2 人的情况。防守队员利用规则对越位的这一规定，在对方传球之前的一刹那，所有防守队员一起突然向前跑，造成对方接球队员与本方端线之间只有一个守门员的局面，使对方越位犯规。

反越位

反越位战术是针对对方"造越位"战术而采取的一种进攻战术，当进攻队员觉察到防守者用制造越位的战术破坏本方的进攻时，及时改变传球方向，让在后面的队员插上接球或自己直接带球快速推进射门，从而使对方退防不及。

补位

补位是足球运动的防守战术之一，是比赛中集体防守的一种配合方法。补位是指防守中，本队一名防守队员被对方突破时，另一名队员迅速上去接着防守。补位是集体防守配合的基础，防守队员相互间保持适当的距离和角度是进行及时补位的前提。

区域防守

区域防守是足球运动防守战术之一，指比赛中每个队员根据位置划分一定的防守区域，防守队员在划定的范围内，相互间保持适当的距离和角度，不紧逼盯人而是采用站位的方法防守住自己的区域。

密集防守

密集防守是足球运动的防守战术之一，球门前的 30 米区域常被称为危险地带，密集防守就是指比赛中为了稳固防守这一区域，往往组织相当多的人，造成这个区域防守人数比较多、空隙减少，从而形成密集状态，阻止对方的突破。

篱笆战术

篱笆战术：也称人墙战术。在自己门前危险区域内，当对方罚任意球时，几个防守队员并排成"人篱笆"，以帮助守门员封住对方射门的部分角度。

全攻全守

全攻全守是足球比赛的战术之一，指一个队在比赛中，除守门员之外的 10 名队员都要在进攻时一起压上进攻，防守时一起迅速退回防守，这样的打法称为"全攻全守"。也就是根据比赛中攻与守的需要，每个队员都可到任何一个位置上发挥这一位置队员的作用。

赛场活动区

比赛时，球员在场地上的活动范围。

回传守门员

后卫球员不能用手接触足球，因此他们有时会通过将球回传给守门员的方法进行球的转移。

警告

当球员在场上做出不当举动，裁判吹哨以示警告。

中圈

场地正中半径为 9.15 米的一个圆形区域，开球时，队员站在中圈的中心处开球。

冲撞

一种犯规行为，通常指身体冲突，一般是用肩部冲撞对手。

角球

防守方球员将球碰出己方的底线（不得用手碰触）时，由对方球员在角球区内罚角球。

角球区弧线

距离角球旗 1 米处的弧线，球员在罚角球时，必须把球放在这条弧线之内的区域中。球门横梁球门框上的横杆，距离地面 2.44 米高。

危险动作

足球比赛过程中出现的危险动作，比如抬脚过高，通常裁判会判罚给对方一个间接任意球。

防守人墙

由防守一方球员形成的人墙，距离任意球罚球处 9.15 米处，用来阻止任意球通过。

对角线控制法

裁判在球场上一种站位和移动的原则和方法，这种方法可以让裁判拥有最好的视线和角度。

直接任意球

可以直接射门的任意球。

进球无效

进球之前有越位或者其他犯规动作，进球将被视为无效。

纪律处罚

裁判对球员的行为做出的警告或者罚出场外的判罚行为。

被罚下场

由于球员在场上有严重的犯规行为，比如暴力行为，裁判员直接出示红牌将其罚下场。

异议

球员用语言或者手势对裁判的判罚提出不同意见。

抛球

在比赛中没有任何一方犯规的情况下，重新开球的一种形式。

加时赛

在一些比赛中，双方球员在 90 分钟的比赛中没有分出胜负，需要通过加时赛来决出胜负，加时赛分为上下两场，各 15 分钟，中间不休息。

球场

足球比赛举办的场地。

FIFA

International Federation of Football Association 的法文缩写，国际足球联合会，简称国际足联。

犯规

一方球员在场上对另一方球员进行的违规挑衅行为，通常裁判会判罚一个任意球。

第四官员

是执行足球比赛裁判任务的四名成员之一。工作在场外，在赛场管理、队员替补、伤员处理和伤停补时等许多工作中起着重要的作用。主要负责一些技术性工作，辅助主裁判和助理裁判的工作。

队形

一方运动员为了对抗另一方运动员而采用的队形。

友谊赛

两队进行的非竞赛性比赛。

球门

球门线（两根球柱之间，球门横杆下方的直线）以内的区域。

球门区

也叫小禁区，球门正前方的一小片区域，守门员从这里开出球门球。

底线

赛场两端的边线，是球门线的延长线。

金球制

一种判定比赛胜负的比赛制度，在金球制的加时赛中，首先进球的一方赢得该场比赛的胜利。

手球

运动员故意用手或者手臂来接触足球。

IFAB

国际足球联合理事会的英文简称，全称是 International Football Association Board，是国际足球规则的制定者和修改者。

间接任意球

任意球的一种，间接任意球开出后，必须经过另一个球员传送才能进行射门。

侵犯

一方运动员对另一方运动员做出的侵犯行为，裁判会对此做出任意球判罚。

活球期

球在场内的时间。

干扰

足球比赛的一种战术，是指干扰对方球员进攻或者传球。

胁迫

威胁的一种形式，或者通过给对手施加压力以达到自己的目的。

开球

比赛开始时或者进球之后重新开始比赛时，一方运动员将球从球场正中踢出。

比赛规则

规定足球比赛中的各个环节应该如何进行的规则。

不当行为

球员、教练、俱乐部官员等在足球场上的不当行为，通常裁判会对此做出判罚。

阻挡犯规

球员在无球状态下故意利用他的身体阻挡另一名球员的行进。

越位

越位是指在进攻过程中，进攻队员比球和对方两名以上的防守队员更接近于对方底线的情况。通常裁判会判罚一个间接任意球。

越位战术

一种防守战术，主要是为了造成对手越位，来化解其进攻。

死球期

球在场外的时间，主要是指球在球门线之外或者在边线之外的情况。

场外干扰

有除了球员之外的人进入比赛场地，这时裁判不得不中止比赛，直到将外来的人清出场外为止。

乌龙球

队员非故意地将球送入本方守门员把守的大门。

点球

点球是一种直接任意球，主罚队员直接面对守门员，将球从罚球点上踢出，其他队员必须站在该罚球区外及比赛场内，并至少距罚球点9.15米处。对方守门员在球被踢出前，必须站在两门柱间的球门线上（两脚不得移动）。主罚队员必须将球向前踢出，在其他队员踢或触及前不得再次触球。

罚球弧

位于禁区边缘的一条弧线，距离点球罚球点 9.15 米。罚点球时，除了主罚队员和对方守门员之外的其他场上队员必须站在这条弧线之外。

罚球区

两边场地靠近底线附近的一片区域，位于球门正前方，守门员在己方的罚球区内可以用手拿球。

罚球点

球门正前方中间 11 米处的一点，点球罚球就从这一点踢出。

点球大战

一种决出比赛胜负的方法。在决胜赛中，如果双方经过 90 分钟比赛和 30 分钟加时赛依然没有分出胜负，就需要经过双方互踢点球来决胜。双方队员一个接一个地交互罚点球，直到一方取胜为止。

连续犯规

一名队员连续多次犯规，裁判可处以黄牌警告。

进攻优势

进攻方遭到防守方的犯规侵犯，同时，防守方处于无球状态，进攻方拥有明显优势的时候，裁判通常不会判罚犯规，这样有利于进攻方完成进攻。

反弹球

球碰到队员身体、门柱、球门横梁或角旗杆之后又回弹到场内。

红牌

球员由于严重犯规，被裁判出示红牌，罚出场外后不得再参加本场比赛，并且在下一场比赛时停赛一场。

主裁判

执法足球比赛，负责掌控场上事态，对各种犯规行为做出判罚的人。

助理裁判

负责协助主裁判的工作，执法足球比赛的人，一场足球比赛，有两名助理裁判。

严重犯规

足球规则当中规定的严重犯规行为，球员如果有严重犯规行为，可直接被罚下场。

护腿板

比赛时，球员用来保护小腿骨的护具。

假摔

意思是指一个球员为了令对方球员得到黄牌、红牌或为了博取任意球或点球而假装受伤倒地。

6 秒原则

是指守门员在禁区内控球的时间不得超过 6 秒，也就是说 6 秒钟之内，守门员必须将球抛出或踢出。

比赛暂停

比赛由于某种原因中断，这时队员和教练等人员可以站在场外进行交流。

伤停补时

由于队员受伤或者换人而消耗的时间在每半场比赛的最后需要补上，叫做伤停补时。

替补队员

在必要的时候，替换另一名场上队员的球员。

换人

由替补队员将场上队员换下场。一场足球比赛中，每队有 3 个换人的名额。

铲球

指球员用脚将球从对方球员的脚下铲断。

技术区域

比赛场地一边，靠近中线的位置的区域，球队管理人员、替补队员和其他规定许可的人员所在的区域。

界外掷球

当球的整体不论从地面或空中越过边线时，由最后触球一方的队员从球越过边线处界外掷球。

拖延比赛

球员故意消磨时间，拖延比赛的进程。

边线

比赛场地两边最长的线，界外掷球就是站在这条线的外面进行。

绊人犯规

一方球员用脚或者腿将对方球员绊倒，通常裁判会判罚给对方一个直接任意球。

违反体育道德的行为

一种不当行为犯规，球员会被处以警告。

暴力行为

与比赛行为无关的侵犯性动作，裁判会做出罚出场外的判罚。

黄牌警告

球员触犯了相关规定时，裁判出示黄牌以示警告。

PART 7 战术技术

足球基本技术

足球技术是指运动员在足球比赛中为完成战术意图而用身体的合理部位处理球的动作方法，以及合理及时调整身体姿势及运动状态的无球动作的总称。

在构成足球运动的技术、战术、身体素质、心智能力和规则裁判（包括场地器材）五大要素中，技术是其中最核心的要素。没有技术，其他要素就失去了存在的意义，可以说没有技术也就没有足球运动。现代足球运动在全攻全守的方向上不断发展，攻守保持平衡是现代足球的重要特点，因而也对技术提出了更多、更新的要求。

足球技术复杂多样，按照不同的分类依据可以分为许多种。

一、踢球技术

踢球技术是运动员有目的地用脚的某一部位将球击向预定目标的技术动作。

（一）踢球技术动作

1. 踢球技术动作简介

踢球的动作很多，要领和方法也不相同。然而它们均由助跑、支撑脚站位、踢球腿摆动、脚触球、踢球的随前动作等5个环节组成完整过程。在5个环节中，又以支撑脚站位、踢球腿摆动、脚触球3个环节为决定踢出球的性质、力量、准确性的关键环节。

2. 踢球技术动作结构

（1）助跑

助跑是踢球前的几步跑动。在踢球过程中，它是第一个环节，其目的是调整人与球之间的相对位置并使踢球者自身获得一定的前移速度。

各种踢球技术的动作结构虽然一样，但其技术细节不同，对运动员来说，球可能从各个方向飞来，如果决定采取某一种方法踢球，就应尽量争取按其动作规格要求进行。也就是说，必须调整人和球的相对位置，使之便于在支撑时按照所选用的踢球动作进行。另外，由于助跑使身体获得一定的前移速度，"腿"在蹬地和腾空中获得了相应的速度，为后面的环节做好了准备，因为踢球腿的后摆与助跑时腿腾空的技术相似，有利于完成整个踢球技术动作。

（2）支撑脚站位

支撑脚站位的作用就是要使踢球腿在整个的摆动过程中有一个理想的、牢固的支撑点，这样才能使踢球腿摆动的效果充分发挥出来。支撑脚与球的相对位置对于不同的踢球动作有着不同的要求，而同一种踢球动作对不同运动员也稍有差异。

根据人体结构的特点，一脚支撑，另一脚摆动踢球最为理想。然而，支撑又是对助跑中运动身体的一种制动，对运动速度有所损失，为了尽量减小制动，支撑腿膝关节要微屈。

（3）踢球腿的摆动

为了使足球获得可能获得的最大动量，踢球脚应在踢球前获得尽可能大的速度，并作用在足球上，因为腿的摆动是踢球力量来源的主要因素。它的一部分过程与支撑脚站位这一环节有所重叠，即在支撑脚站位的同时踢球腿的后摆已在进行；当踢球腿后摆至一定程度时（可能的最大值时），接着大腿带动小腿由后向前摆动；当踢球腿膝关节摆至接近球的正上方时，小腿绕膝关节做爆发式的加速摆动，从而使踢球脚以最快的速度击球。

为了使击球部位的速度有较大的增加，可以增大摆幅或增加摆速。但增大摆幅是有限的，过分地增加摆幅会造成不协调而使技术动作变形，而加快踢球腿的摆速除了完善技术动作外，可以发展增大肌肉力量来增加摆速。

（4）脚触（击）球

脚触球是决定出球性质及准确性的主要环节，同时对球所能获得的动力有较大的影响。脚触球技术包括脚的部位和球的部位两个方面。同时不论使用何种动作击球，在触球瞬间踝关节都必须呈现功能性的紧张以保证将球踢向预定的目标。

如果上一环节是决定施力大小和方向这两个要素的话，那么本环节就是决定作用点这一要素的关键所在。通过这一环节就决定了被击出球的性质（旋转与否）和形式（地滚、低平、半高、高球等），并在很大程度上决定了被踢出球的准确性。它综合体现了前几个环节的作用。

对于踢定位球来说，击球点与施力方向的连线通过球的重心时，则击出的球将沿施力方向飞行（若此连线与地面平行，则击出的球为低平球，若此连线与地面成一定角度，例如小于 90 度，则击出的球将沿一抛物线轨迹飞行）；若击球点与施力方向的连线不通过球的重心，则踢出的球为旋转球，其飞行轨迹将偏离不旋转球的飞行轨迹，俗称"香蕉球"。

（5）踢球的随前动作

当"脚触球"环节结束时，脚与球已脱离，身体的任何动作对球都不能产生影响，而随前动作的目的在于保证前 4 个环节的正常进行。如果球被踢出后踢球腿立即停上前摆或收回，那么在脚触球之前前摆的诸对抗肌势必就得提前工作，这样前摆速度势必受到影响。所以，从这个角度讲，踢球的随前动作是不可略去的环节。

（二）主要踢球技术的动作要领及特点

踢球的方法有很多种，这里只叙述脚内侧踢球、脚背正面踢球、脚背内侧踢球、脚尖及脚跟踢球等几种主要的踢球动作方法及要领。

1. 脚内侧踢球

它是用脚内侧部位（第一跖趾关节、舟骨、跟骨内侧等所形成的平面）击球的一种方法。其特点是脚与球的接触面大，踢球腿摆幅较小，击出球准确平稳也易于掌握。但由于踢球时要求大腿前摆到一定程度需外展提膝，故大腿与小腿的摆动都受到限制而使击球力量相对较小。脚内侧踢球在足球比赛中是使用最多的一种方法，多用于中近距离的传球和射门。

（1）脚内侧踢定位球

脚内侧踢定位球，首先是直线助跑，支撑之前最后一步助跑应大些，支撑脚站在球侧面 12 ~ 15 厘米处，脚尖正对出球方向，支撑腿膝关节微屈，支撑脚落地时大腿要带动小腿由后向前摆，此时踢球腿屈膝外展，使踢球脚与支撑脚成垂直状，脚尖微上翘，脚底与地面平行，踝关节做功能性紧张固定脚型。当膝关节摆至接近球的正上方时，小腿加速前摆。用脚内侧部位击球的后中部的同时，髋关节向前送出（平移），身体也随之前移。

在做以上动作时，重点应注意支撑脚脚尖要正对出球方向，触球瞬间踢球腿摆动方向应与出球方向相同，且脚内侧部位正对出球方向（踢球脚与支撑脚垂直），踢球时应注意踢球腿小腿不可上撩，身体亦不可向后仰。

（2）脚内侧踢空中球（低于胸部的高度）

根据来球的运行轨迹、速度，及时移动到合适的踢球位置。踢球腿大腿抬（屈）起并外展，小腿屈并绕额状轴后摆，并接着由后向前摆动，当摆至额状面时击球的后中部（被击出的球为平直球）。击球时应控制小腿的摆动，不要使小腿有上撩的动作。以击球的不同部位来控制出球的方向。

2. 脚背正面踢球

脚背正面踢球，是用第一跖骨体的内侧和第二、三、四跖骨体的上面所形成的面（位于脚面）去击球的一种方法。由于脚背正面踢球时腿的摆幅较大，加之与球的接触面较大，因而踢球力量大，其出球的方向及性质变化较小，故准确性较高。在比赛中，经常使用脚背正面踢定位球、地滚球、空中球、反弹球及倒勾球等。踢出球的性质多为不旋转的直线球，但可以用来踢抽击性的前旋球。

（1）脚背正面踢定位球

球员直线助跑，最后一步稍大，支撑脚滚动式地积极着地支撑，踏在球的侧面10～12厘米处，脚尖正对出球方向，膝关节微屈，在支撑的同时踢球腿向后摆起，小腿屈曲。然后，踢球腿以髋关节为轴，大腿带动小腿由后向前摆动。当膝关节摆至接近球的正上方时，小腿做爆发式的加速前摆，脚跖屈，以脚背正面部位击球的后中部，身体及踢球腿也随球前移。

（2）脚背正面踢反弹球

根据来球的速度、路线、落点及时移动到位，支撑脚踏在来球落点的侧面。当球快落地时，踢球腿做爆发式的前摆。当球落地刚刚弹离地面的瞬间，用脚背正面部位击球的后中部。此时应控制小腿的上撩（送髋，膝关节平移），以防止出球过高。

3. 脚背内侧踢球

脚背内侧踢球，是使用第一跖趾关节及跖骨体去触（击）球的一种踢球方法。这种踢球法脚的摆幅较大，多用于中远距离的传球或射门。

（1）脚背内侧踢定位球

斜线助跑，其方向与出球方向约成45度角，最后一步稍大，以支撑脚脚底外沿成滚动式积极着地，脚尖指向出球方向，并踏在球的内侧后方 20 ~ 25 厘米处，膝关节微屈，在支撑脚落地的同时踢球腿以大腿带动小腿由后向前摆动。当大腿摆至与支撑腿接近同一平面时，小腿做爆发式摆动，踢球脚脚尖外转，脚跖屈（脚背绷直），以脚背内侧部位触（击）球的后部（以出球方向为准），踢球腿及身体随球前移。

选择不同的击球部位，如击球的后中部或中下部，则踢出的球会出现高、中、低不同的效果；若要踢成弧线球，则作用力线不通过球的重心，触球时脚形也要略作改变，以增加脚与球的摩擦，使球旋转。

（2）脚背内侧转身踢球

助跑结束前倒数第二步应向球的侧前方跨出（即与出球方向相反，在支撑脚一侧的侧前方），最后一步略跳动并伴随转身支撑，脚尖对推出球方向，膝关节微屈，身体向支撑脚一侧倾斜，其余各环节与踢定位球相同。

4. 脚背外侧踢球

脚背外侧踢球是用第三、四、五跖骨体触（击）球的一种踢球方法。其动作结构与其他踢球方法相同，技术上除第四环节外，均与足背正面踢球相同。

（1）脚背外侧踢定位球

直线助跑，支撑前最后一步稍大，支撑脚站在球的侧面 10 ~ 12 厘米处，踢球腿在支撑前已基本完成后摆（大腿伸小腿屈），在支撑脚着地的同时，踢球腿大腿带动小腿由后向前摆动。当膝关节摆至接近球正上方时，小腿做爆发式前摆（大腿的摆动继续）。此时要求踢球脚脚尖内转、脚内翻、脚背跖屈（绷直）并提踵，脚趾用力屈曲，使脚背外侧部位击球的后中部（出球为低平球）。若需踢成弧线球时，施力的作用线不通过球的重心，并视其所需的弧线大小决定其接触部位、摆动方向，但脚形应有利于增加旋转，即加大接触面、增大摩擦力和加大旋转力矩。

由于用脚背外侧踢球时脚腕的灵活性较大，摆腿方向变化较多，并且在助跑时又不会破坏正常的跑动姿势，故其出球的隐蔽性较强。在现代足球比赛中，各种距离的弧线球及非弧线球都使用这种踢球方法。

（2）脚背外侧踢地滚球、反弹球、半高球、倒勾球、凌空倒勾球等

方法与脚背正面踢球基本相同。在倒勾球及凌空倒勾球中，出球方向不是正后方而是侧后方，可以参照学习。

5. 脚尖踢球

脚尖踢球包括脚尖踢球和脚尖捅球两种方法。实际上是利用足球鞋尖的帮底粘合处较硬的部位击球，击球力量主要靠拇趾传递。

脚尖踢球的技术动作与其他踢球技术相同，但踢球腿的摆动是以小腿爆发式摆动为主（大腿基本无后摆），脚触球时间短，要求脚尖稍翘起，踝关节做功能性紧张固定脚形。

由于脚尖踢球主要依靠小腿爆发式的摆动获得力量和速度，所以出球速度快，往往出人意料，尤其是在雨地比赛中使用脚尖射门能收到奇效。脚尖捅球能够发挥踢球腿的最大长度，可以用来踢那些距离身体较远、用正常动作无法踢到的球。具体方法是用支撑腿跳跃上步，踢球腿屈膝前跨，膝关节前送，两臂上摆以协助身体向前跃出。然后小腿前伸，在踢球脚落地前用脚尖捅球的后中部。小腿做爆发式的屈曲摆动，用脚跟部位击球的后中部（以出球方向为准）。身体无随前动作。

由于人体结构的特点，这种踢球方法产生的力量小，但由于其出球的方向向后，因此具有隐蔽性、突然性，有一定的实用价值。脚跟踢球有两种不同的方法，一种是同侧的脚跟踢球；另一种是异侧脚跟踢球，即踢球脚后摆时在支撑脚前面交叉，摆到支撑脚外侧用脚跟击（触）球。

以上 5 种踢球动作是比赛中常用的踢球技术，其中以脚内侧、脚背正面、脚背内侧、脚背外侧等踢球动作用得最多。这些动作可以用来踢定位球、地滚球、空中球、反弹球等，不仅能踢出不旋转的球，也可以踢出各种不同性质的旋转球。由于各种踢球动作在结构上的特点及限制，不同的踢球方法只适合于踢某种旋转球。例如，脚背正面踢球适合于抽击出前旋球和搓击出近距离的回旋球，不适于踢侧旋球；而脚背内侧和脚背外侧踢球却适合于踢出侧旋球或侧前旋球，其中脚背内侧也可以踢出回旋球。因此对上述各种踢球动作不仅要熟练地掌握其动作要领和规格，而且应深刻理解其动作结构的理论依据，这样才能正确地运用各种踢球技术。

二、运球技术

运球是球员连续控制球的技术。指用身体的某一部分触球，使球能随人一起运动。运球是足球技术中最基本的技术动作之一。

运球方法很多，但每一种运球方法，都是由跑动和推拨球两个动作组成。这两个动作过程又由支撑脚踏地后蹬、运球脚前摆触球和运球脚踏地支撑三个紧密衔接的环节组成。这三个环节组成运球动作的完整结构。

要正确解决运球与跑动的关系，首先，要尽量缩短支撑的时间，迅速过渡到后蹬；其次，后蹬与运球腿前摆要紧密衔接，使蹬、摆与推拨的动作用力协调一致地作用于球上；最后，运球脚推拨球后积极快速落地，使身体与球保持合理的距离。

1. 支撑脚踏地后蹬

支撑脚踏地后蹬一是可以推动人体重心前移；二是可以支撑身体平衡，使运球脚能离地、提起，完成推拨球动作。支撑脚时尽量缩短支撑时间，积极后蹬前摆，能加快运球速度。

2. 运球脚前摆触球

运球脚前摆触球一是可以给球作用力，使球产生位移；二是可以不断调节触球力量、部位、方向和触球时间，协调其与跑动速度的关系。做到球动人跟紧，人能控制好运球路线，使球始终能控制在脚下以便随时改变方向或推进速度。

3. 运球脚踏地支撑

运球脚踏地支撑一是可以使运球脚在完成推拨动作后，立即踏地保持身体平衡；二是可以使运球脚由踏地支撑转换到后蹬，也可使人的身体产生位移。

在运球过程中，支撑脚踏地后蹬是决定跑动速度的主要环节，运球脚前摆触球是控制球运行的关键。后蹬要随着摆腿的方向转动，并与髋关节、踝关节协调用力带动身体重心随之移动。

运球技术包括：脚内侧运球、脚背正面运球、脚背外侧运球、脚背内侧运球和脚底运球。在这五种运球方法中，外脚背运球可作直线和曲线运球；正脚背运球技术多用于直线运球与快速推进；脚内侧运球多在变向和掩护运球时采用。

（一）脚内侧运球

脚内侧运球时，支撑脚领先于球，踏在球的侧前方，膝关节稍弯曲，上体前倾向里转；肩部指向运球方向，重心

脚内侧运球

放在支撑脚上；运球脚提起屈膝，用脚内侧部位推球的后中部，使球前进；然后运球脚着地。在改变方向运球时，用两只脚交替拨球。

特点是：易控球，但推进速度较慢，适用于掩护性运球。

（二）脚背正面运球

脚背正面运球时，身体保持正常跑动姿势，上体稍前倾，两臂自然摆动，步幅不宜过大；运球脚提起，膝关节稍屈，髋关节前送，脚背绷紧，提踵脚尖下指，在着地前用脚背正面部位触球后中部推拨前进。

脚背正面运球

特点是：直线推拨，速度快，但路线单一，推进时前方需有较大的纵深距离。

（三）脚背外侧运球

脚背外侧运球时，身体保持正常跑动姿势，上体稍前倾，两臂自然摆动，步幅不宜过大；支撑脚保持在球的侧后方，运球脚提起，膝关节稍屈，髋关节前送，脚跟提起，脚尖稍向内旋，使脚背外侧正对运球方向；在运球脚落地前，用脚背外侧推拨球。向前侧推拨球的后中部。

特点是：灵活性、可变性强，速度快，可做直线、弧线和向外变向运球，易于控制运球方向和发挥运球速度，并便于对球进行保护。

（四）脚背内侧运球

脚背内侧运球时，身体稍侧转并自然放松，两臂协调摆动，步幅要小些，上体稍前倾；运球腿提起外展，膝关节微屈外旋，提踵脚尖外旋，使脚背内侧正对运球方向，在运球脚落地前用脚背内侧推拨球，使球随身体前进。

特点是：控球稳，但运球速度较慢，适用于向支撑脚一侧的专动变向运球和掩护性运球。

（五）拉球

拉球时，将前脚掌放在球的上部或侧上部，支撑脚在球的侧后方；触球脚向后下方用力将球拉回。向回拉球一般都是在躲开或逗引对方出脚抢球的瞬间将球拉回，再迅速将球推送出去，并越过防守者。拉球时也可接触球的上部，将球向左右两侧拉。

特点是：容易诱骗对方，使对方抢球落空。

三、抢截球

抢截球技术是指防守队员对持球的进攻队员所运用的一切防守技巧。一般来说，抢球技术可以分为断、堵、抢、铲、争顶五大类，各自都具有不同的技术特征，适合运用于不同的场合，这些防守技术构成全队防守的基础。对攻方持球队员的时间、空间严格控制，能有效地遏制攻方的进攻行动，争得全队防守的成功。

比赛中运用抢球技术有两个目的：夺回对方的控球权；或者是暂时破坏对方的控球权，等时机成熟时再夺回控球权。这两个目的是全队防守共同努力目标，为此，每个队员在本方进攻失败后（即丢失控球权后），应迅速、积极地转入防守，这是现代足球比赛的基本原则之一。

（一）抢截球技术三要素

无论是抢、堵、断、铲、争顶等任何一种抢球技巧，在具体的运用中都会不同程度的涉及以下三种要素。

1. 接近

接近是指防守队员跑向持球队员的一段距离。接近的速度要尽可能地快，但快中要稍有控制，稍有余地。

（1）如果断、截传球十分有把握，则必须十分果断而快速。

（2）如果当对手背身接近球时，也应全速逼上，紧逼对手，以限制对手转身。

（3）如果对手已经拿住球，或防守队员欲上前紧逼时，进攻队员有可能将球控制好。这时，开始"接近"的速度尽可能快，但最后几步必须稍加控制，放慢一点。以便进攻队员在最后一瞬间，突然带球快速摆脱时，能够及时随之变换方向，争取有效的防范措施。

2. 角度

角度是指以球和守方球门中点连结的直线为基准的迎上盯抢的方向。一般来说，"接近"的角度同球与本方球门的中点连接是一致的。但要分清以下几种情况：

（1）如果能够把握断、截、传、盯进攻队员的来球，则应准确无误地选好切入传球路线的断球点。

（2）如果在对手接近球的一瞬间，能够迎上去紧逼持球者，当然逼上的角度应正对持球者，并尽可能阻止对手拿球转身。

（3）接近对手的角度应力争做到：尽快站在"线"上，尽快贴近持球队员。

A. 如果随便跑入线上，持球队员有可能获得时间射门、传球或运球。

B. 如果不考虑尽快插入"连接线"上，而是直奔持球队员，同样有可能给对手造成射门、传球或运球的机会。

C. 如果能兼顾上面提及的两个因素，以一定的弧度跑入"线"上，将有利于防守与抢球。

3. 距离

防守队员与持球进攻队员之间的距离，取决于是阻止射门、传球还是运球。

（1）如果是封堵射门和传球，其距离应比防堵运球更贴近对手。

（2）从兼顾各种情况而言，最好与对手保持约1.5米的距离，这样既可封阻对手向前的活动，又可限制他的活动空间，达到紧逼盯人的目的。

（二）抢截球技术

当对方得到球时，球队的主要任务是重新将球得到，或者至少要保护自己的球门不被对方攻破。后卫队员及自由中卫的主要任务是防守，但是，正如每个队都可以参与进攻一样，每个队员都必须做好防守准备，灵活运用各种抢截球的技巧。

正面抢截：防守队员面向对手，将脚的里侧对准球的中部，用力将球"堵住"。弯曲双膝，以便平衡身体，聚集力量，然后一脚支撑地面，另一脚将球向前推，突破对方的阻挡。

侧面抢截：阻截队员像正面阻截那样迎着对方的脚下将球截住。因为他是从一个角度进行阻截的，他不能将身体位于球的后面，因而他阻截脚必须承受对方的冲击。

铲球：铲球常用在危急时刻，其目的并不是为了得到球，而是将球铲离对方队员的脚下。铲球队员从侧面逼近，在靠近对手处将脚铲出，在身体倒地时，用力将球踢离对方脚下。铲球在湿滑的场地上最容易奏效。

1. 正面抢截

这种抢截方法是在对方队员迎面带球时采用。

当运球队员的球刚刚离脚时，抢球人突然上前，以抢球脚内侧对正球，膝关节弯曲，身体重心由后脚移到前脚，上体前倾。如双方的脚同时触球时，抢球人的脚触球后要顺势提拉，使球从对方的脚背滚过，身体向前跟进，把球控制在自己脚前。

2. 侧面抢截

抢球队员与对方运球队员并肩跑动或双方争抢迎面来球时，常采用侧面抢截方法。

（1）抢截时机

当与对方队员并肩跑动时，先使身体重心降低，手臂紧贴身体。在对方队员靠近自己的脚离地时，立即用肩部冲撞对方肩部（做合理的冲撞动作），使对方队员身体失去平衡，把球抢过来。

准确地掌握好抢截时机是成败的关键，防守队员抢截过早，容易被进攻队员将球轻弹，从他伸出的脚上飞过。

（2）防守的安全性

防守时的一条总的原则是根据实际情况随机应变。在本方球门受到威胁时，防守队员应立即将球从危险地区清除出去。表面上看起来，如果一个球员将球传

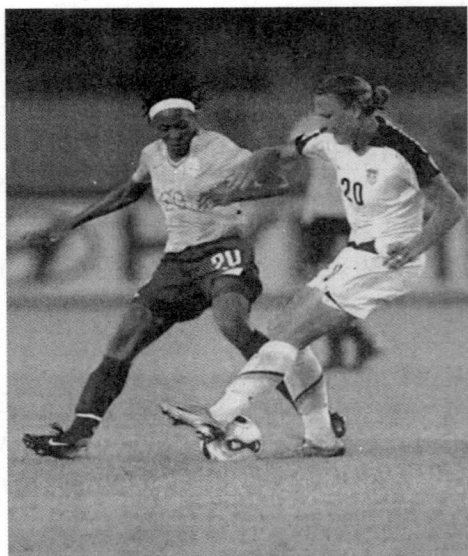

抢截球

给本方守门员（请记住：如果是这种传球守门员是不可以用手接球的），或者将球踢出球门线，是很消极的，但这比试图带球或传球到前场安全得多。这时，如果看到本方守门员是摔倒在地，防守队员应将球踢出底线，被罚角球总比被对方踢入一球要好得多。

3. 铲球

铲球技术运用最多的情况是在对手已突破防线，防守队员无法回到正面抢球位置时。最关键的因素是适时倒地，随便倒地会延误下一行动，并使本方即刻失去一名有用的队员。因此，应首先尽可能接近控球队员，重心置于支撑脚上，看准时机抢球腿下滑，以脚底、脚背或脚内侧把球铲掉。

（1）正面铲球

这种技术多用于对手控球离身体较远时。

移动接近控球者，膝关节微屈，重心下降，当控球者触球脚触球后尚未落地时，抢球者双腿沿地面向球滑铲，随即用手扶地做向一侧的翻滚，并尽快起身；另一种是单脚蹬地后，另一脚向前滑出，蹬地脚迅速绕髋关节摆动沿地面将球扫踢出去。

（2）侧面铲球

当双方都不能用正常的动作触球时（指跑动中），防守者应根据与球的距离，同侧脚用力蹬地时身体跃出，异侧脚向前沿地面对着球滑出，脚底将球铲出，然后小腿外侧、大腿外侧、手依次着地。或铲出球后身体向铲球腿一侧翻转，手撑地后立即起身，使身体恢复到与下一动作衔接的状态和位置。侧面铲球动作同样适用于侧后铲球。

侧面铲球

如果一个防守队员遇到了困难，其队友在没有防守区域或没有特定盯人对象的情况下，应迅速跑动补位进行支援。

（1）身体接触：比赛中唯一一种被允许的故意身体接触是肩部碰撞。队员并未采取以肘推挤对方队员的犯规动作，他只是以手臂的上半部抵住对手的上臂，肘部十分安全地夹紧，而且球在其可接触范围内。

（2）站位：防守队员会尽量站在对手身后。看准来球，防守队员就可以向前移动抢位截球。如果防守队员站在对手前面，一旦他未得到球，在争抢时，就必须先转身。

（3）拦截对手：队员正在拦截对手，以使其他防守队员有时间进行组织和调整。防守队员与对手正面相对，距离1米放慢速度，准备在失球的情况下进行争抢。

（4）截击防守：难以控制球时，防守队员通常将球在空中挑起。在防守中打空中球比在地面拼抢要有把握。

4. 断球

断球是抢球技术中最积极、最主动的方法，但也是难度最大的抢球手段，它要求防守队员具备丰富的经验、敏锐的观察和预判能力。

（1）断球的顺序

A. 预测传球。根据比赛时的情况（攻、防队员接应、跑位、站位、盯人，特别是所盯进攻队员与持球队员相互间的具体条件），预测将要传球的路线、方向、落点等，以判断有无断球的可能，并选择最佳的位置。对带球进攻队员的传球意图的准确判断，是断球成功的决定性因素。

B. 判断传球的时机和球速，以决定出击的时机。

C. 选择断球点。决定在什么地方抢截球，最佳的选择是要有较充分的启动出击时间，早于带球者抢先一步断截来球。

D. 选择断球时的触球部位，如脚内侧、外侧、脚尖、大腿、胸腹、头等。用头断球时不能达到断后控球和传球的目的，则要求将球顶得高、远，远离本方球门为妥。

E. 在出击断球的一瞬间，还必须决定是将球破坏掉，还是将球控制在自己脚下，或将球断传给同队队员。

（2）传球断球

是防守队员判断对方传球的速度，确信他能在球到达对

断球

方队员时将球阻截，沿最短路线快速穿插到球前进的路线上。拦截对方控制地滚球的最佳方法是使用脚的内侧断球。

（3）干扰

防守队员无法断掉这个球，但他可以在对手后面追击，并伸脚破坏对方的带球，即使他不能成功，他也干扰了进攻队员，让其无法准确地传球。

（4）争抢

当对方带球前进时，阻截是允许的。在进攻球员准备接一个来球时，防守队员应努力不让其有时间得到来球。当球接近时，防守队员已插到近旁，即使他不能阻截并得到此球，他的争抢也将延误对手的时间，阻止其自由运动。

（5）头球解围

在防守时运用头球，其距离经常比准确性重要，因为球员的目的是要将球顶出，使球远离自己的球门，并在可能时将球传给自己的队员，此处是一个大力头球的例子。

头球解围时，同伴的互相提醒和默契配合是非常重要的。

头球解围

四、头顶球技术

头顶球是指运动员有目的的用头的前额部分，以身体带动头部摆动击球的动作过程。现代足球比赛中，时间与空间的争夺异常激烈，头顶球技术的使用使运动员不仅能占据空间，又能争取时间，所以头球是处理高空球的最重要手段。

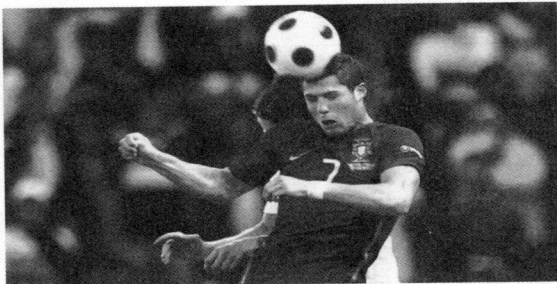

头顶球拼抢

使用头顶球技术，不仅可以进行传球、抢断球、高球射门，而且还可以利用鱼跃头顶球来扩大运动员的控制范围或用于防守时救险球。

头顶球技术包括：前额正面头顶球和前额侧面头顶球。

头球技术的动作结构是由移动选位、蹬地与摆动、头触球、触球后的身体平衡四个环节组成。

（1）判断与选位

判断与选位是正确完成头顶球动作的前提。它直接影响到顶球时间、方向、力量和准确性。合理的选位应以准确的判断为依据。选位时，两眼注视来球，选择的位置一般以球飞行弧线与两眼正视来球的视线直接相遇为宜；由于来球高度和弧线大小不同，在选位时应适当调整身体姿势。

（2）蹬地与摆动

蹬地动作在顶球时有两个作用，一是利用单脚或双脚蹬地产生的反作用力，使身体向上腾起，达到适宜的位置；二是通过单脚和双脚的有力后蹬，加速身体的向前摆动，从而可以增大头部击球的力量。

身体向前摆动是头部击球力量的主要来源，一种是借助两腿蹬地的反作用力，发挥腰腹肌肉的屈伸作用，使身体向前摆动，带动头部快速迎击来球。另一种是借助腰背弓的拉伸，拉长腰腹肌群和颈部的后屈，再快速收缩发力，以头部敲击来球。摆动的顺序是由下而上，这样才可以使击球部位获得最大的速度。

（3）头触球

头触球时，要选择好头触球的部位，包括用头的部位和球的部位；顶球时，主动发力，与来球方向成一定角度，并将球顶到预定目标。这一环节的主要任务是保证顶出球的准确性。

（4）顶球后的身体平衡

顶球后维持身体平衡，其主要因素是：两臂合理摆动，脚步的移动，落地时屈膝、屈踝。顶球时，应根据来球的不同速度和顶球方法，恰当协调四者关系，维持身体平衡。

头顶球技术是用头部前额骨的正面和侧面击球的方法。种类主要以用头的部位来区分。在每一种技术中，由于动作的不同，又可分为原地和跳起顶球；跳起时又可分为单脚起跳和双脚起跳。由于来球方向的不同，又可分为向前、向后和向两侧顶球。

（一）前额正面头顶球

1. 原地头顶球

原地头顶球时，身体正对来球方向，眼睛注视来球，两脚左右开立（或前后开立），膝关节微屈，重心在两脚间（或后脚上）；两臂自然张开，判断来球的速度、运行轨迹，当球运行到与地面垂直时，两腿用力蹬地伸直，腰部前挺，胸部上提，下颌平收，上体由后向前快速摆动，借助腰、腹及颈部的快速摆动，用前额正面主动迎击球的中部；击球后，上体随球前摆。

2. 跑动头顶球

跑动头顶球的动作要领与原地顶球相同；只是在准确判断来球飞行弧线后要正对来球跑出抢点。顶出球后，身体要随球向前移动。

3. 原地跳起头顶球

原地跳起头顶球时，身体正对来球，两脚左右开立，两眼注视来球；起跳时，膝关节微屈，脚尖稍内转，上体稍前倾，重心下降，两脚用力蹬地起跳；两臂屈肘上摆；在跳起上升过程中挺胸展腹，当跳起最高点准备顶球时，身体成背弓；顶球时，快速收腹，上体前摆，触球的瞬间甩头，用前额正面将球顶出；顶球后，两腿自然屈膝、屈踝落地缓冲。

4. 跑动跳起头顶球

跑动跳起头顶球时，一般都使用单脚起跳。

跑动跳起头顶球时，根据来球的速度、运行轨迹，选好起跳点；起跳前的最后一步稍大些；起跳时，起跳脚用力蹬地跳起，另一腿屈膝上摆，两臂屈肘自然上提，身体向上跃起，两眼注视来球；顶球时，快速收腹，触球的瞬间甩头，用前额正面将球顶出；顶球后，两腿自然屈膝、屈踝落地缓冲。

5. 鱼跃头顶球

鱼跃头顶球，一般用于离身体较远的平直球、抢救险球、射门等，在身体来不及移动到位时运用。鱼跃顶球时必须抢准击球点。

鱼跃头顶球时，判断来球的路线，准确选择击球点；单脚（或双脚）用力向前蹬地，当身体接近水平状态时，向前跃出，同时两臂微屈前伸，手掌向下，眼睛注视来球；击球时，利用身体向前跃出的冲力，以前额正面顶球。顶球后，身体成背弓形，两臂屈肘前伸，两手着地，手指向前，接着胸部、腹部和大腿依次着地。

（二）前额侧面顶球

前额侧面顶球的特点是，动作突然，能变换出球方向，特别是前锋队员，在门前射门时威力较大。

1. 前额侧面原地顶球

前额侧面原地顶球时，顶球前与出球方向同侧的腿向前跨出一步，两膝微屈，身体重心放在后脚上；上体和头稍向异侧倾斜并转体，两眼注视来球，两臂自然张开；顶球时，后脚蹬地，前脚掌适度旋转；触球时，上体和头向出球方向迅速扭摆，屈体甩头，击球点在与出球方向同侧肩的前上方；以前额侧面击球的后中部。

2. 前额侧面跳起头顶球

前额侧面跳起头顶球时，准确选择击球点；单脚起跳，两眼注视来球；在跳起上升的过程中，上体和头稍微向异侧倾斜并转体，侧对来球，两臂自然张开；在跳到最高点顶球时，急速转体、甩头，向前伸顶；触球时，用额骨侧面将球顶出；顶球后，两膝微屈缓冲落地。

3. 前额侧面跑动跳起头顶球

前额侧面跑动跳起头顶球的动作要领，与原地前额侧面头顶球的动作要领基本相同；不同的是，这个动作是在快速跑动中开始和完成的，完成动作后，随球移动一定要做得充分，以保证身体的平衡。

五、假动作

假动作是为了隐蔽自己动作的意图，运用各种动作假象，迷惑和调动对方，使其产生错误的判断，失去身体的平衡，从而取得时间、位置、距离等有利条件，更好地实现自己的真实意图。在现代足球比赛中，单一的技术动作很容易被对方识破，特别是在强强对抗的情况下，较难摆脱对手，因此，假动作更有着重要的作用。假动作已渗透到各项技术和临场比赛的应用之中，就连跑位、抢截、接应也包含着假动作技术。假动作可分为有球假动作和无球假动作。

（一）有球假动作

1. 传球假动作

队员正要传球，若对方迎面跑来抢球时，可先做假踢动作，诱使对方堵截传球路线，然后改变传球方向。

若向前假传球，将球让过急速转身控制球。

2. 停球假动作

（1）在对方紧逼下停球时，可先假装向左方停球，对方身体重心跟随移动时，突然改变停球方向。

（2）在停球时，若对方要来抢截，可先做假踢球动作，诱使对方停下来，突然改为停球。

3. 头顶球改为停球的假动作

在停高球时，可先做假顶球的动作，再突然改为胸部停球。

4. 停球改为头顶球的假动作

面对来球假装做胸部停球，诱使对方逼近抢球，突然改用头顶球传球。

5. 过人假动作

（1）背靠对方停球时，先向左侧做虚晃动作，诱使对方身体重心向左移动，然后用右脚外脚背将球向右轻拨，转身过人。

（2）运球至对方面前，将速度减慢，对方若上来抢夺时，可用脚底将球后拉，紧接着用脚内侧或脚外侧推球突破对手。

（3）对方在侧面抢球时，运球队员应先快速运球前进，诱使对方追赶。这时运球队员可根据对方的位置，考虑是继续推球前行还是突然降低速度或以假动作停球（脚在球上面晃动）。若对方贴近运球队员，运球队员为摆脱对方可放慢速度，然后突然加快速度甩掉对方。

（二）无球假动作

1. 改变速度的假动作

为了摆脱对方的紧逼，在跑向空当接球时，可先慢跑诱使对方放慢跑动速度，然后突然起动快跑摆脱对方。

2. 改变方向的假动作

为了跑到空当接球，可用声东击西的跑位战术摆脱对方的紧逼。如先向右侧跑，当对方也向右紧随时，突然向左侧快跑摆脱对方（最好在对方接近自己的一瞬间改变方向）。

3. 抢截假动作

当对方运球时，抢球队员可先向右做身体的虚晃动作，诱使对方向左侧运球，突然逼近对方进行抢截球。

四、守门员技术

守门员技术包括：准备姿势、移动、接球、扑球、拳击球、托球、掷球和踢球技术。

（一）准备姿势

守门员的准备姿势是很重要的。它是守门员进行各种动作前的合理站立姿势，为迅速而准确地完成各种扑、接球和移动做好身体准备。两脚左右开立与肩同宽，两膝自然弯曲并稍内扣，两脚跟稍抬起，身体重心放在前脚掌上，上体含胸前倾，两眼注视来球，两臂弯曲，五指自然分开，掌心向下置于体前。

一般在对方控制球已推进到本方半场时，守门员就要开始做动作了。特别是对方进攻已到本方罚球区附近时，要时刻注视和判断进攻的发展方向，并根据球路的变化不断调整自己的位置，做好正确的准备姿势。当球被本方队员抢断。并向前场推进时守门员可放松并可适当地向前移动，但两眼始终要注视球。

（二）移动

它是为了更好地堵截和接获对方的射门与传球，要根据对方传球或射门前球和人的位置变化而相应调整自己的位置。调整位置一般是通过脚步移动来完成的。

1. 向前后移动

向前移动时，保持准备姿势，步幅要小，重心要低，为接低球与跃起接球做好准备。

向后移动时，重心略高，步幅稍大，前脚掌向后蹬地，要注意保持身体平衡。

2. 向左右侧移动

（1）侧滑步

向左（右）侧滑步时，先用右（左）脚用力蹬地，左（右）脚稍离地面并向左（右）滑步。右（左）脚在左（右）脚落地的同时快速沿地面滑动跟上。两眼始终要注视球。

（2）交叉步

在接两侧高球或扑接球时，为便于蹬地跃起，多采用交叉步。向左（右）侧做时，身体先向左（右）侧倾斜，同时右（左）脚用力蹬地，并快速向左（右）前方跨出一步成交叉步，然后左（右）脚向左（右）侧移动，右（左）脚和左（右）脚依次快速移动，并蹬地跃起。

在比赛中，守门员接离自己较远的地滚球或低平球时，冲出准备接空中球时，采用向前移动的步法；守门员外出、背对球门，对方吊门时，采用向后移动的步法，准备跃起将球托出；守门员接离身体不远的左（右）来球时，可采用侧滑步；守门员接侧面速度比较急的空中来球时，采用交叉步，使身体向侧面来球方向跃起。

（三）接球

接球时，守门员需要根据不同的来球而采用不同的手法将球接住并抱牢，它是守门员技术中最主要的技术。接球包括接地滚球、平直球和高球。

1. 接地滚球

面向球，两脚开立单膝跪地，膝部和另一只脚的脚后跟相靠。双手手指分开向下，小指相靠近，接球的后底部。在手触球的一刹那，双手后引，屈肘（内靠），屈腕，两臂靠近将球抱于胸前。

如果来球是低球，你可以直接弯下腰，两脚稍微分开，两腿伸直。保持身体在球的后面，接球方法同上。

在比赛中，守门员接来球力量较小的地滚球或低平球时可采用直腿式；接来球力量较大或小角度射门时，可采用跪撑式。

2. 接平直球

一般指来球的高度在胸部上下。

（1）接齐胸高的平直球

身体正对来球，两臂屈肘前伸，两手拇指相靠，掌心对球。

当手触球时，手腕和手指适当用力挡住并接稳球，同时屈臂后引，反掌将球抱于胸前。

（2）接低于胸部的平直球

身体伸直迎向来球，两臂下垂屈肘迎球，两手小指相靠，掌心对球。为了使身体在被球撞击时不致失去平衡，在接来球时身体应稍后收。接球方法同接地滚球一样。

接平直球易犯错误：

A. 接球时手法不对，双手掌心相对或向下，容易造成接球脱手。

B. 接齐胸球时，手指、手腕未用力，当来球力量大时，球直接撞到胸部造成脱手。

C. 接球后，抱球时两肘未靠近，接住又漏掉。

在比赛中，接平直球时一般有两种情况：一种是正对球门的平直球，守门员不需要移动就可接球；另一种是边路传来的平直球，守门员要判断准确，果断外出用原地或跳起接球的方法把球截断。

3. 接高球

（1）原地接高球

判断来球，确定落点，移动到位，两臂微屈，上伸迎球，拇指相对，掌心对球。接球手指、手腕适当用力将球挡住、接稳，然后屈肘翻腕将球抱牢。

（2）跳起接高球

判断来球，确定落点，迅速前跑，重心落在起跳脚上。屈膝蹬地，两臂上摆，上伸迎球，拇指相靠，手心对球。接球手指、手腕适当用力将球接住，然后屈肘、翻腕，回缩下引将球抱于胸前。落地屈膝，重心前移。

接高球易犯错误：

A. 接球后未顺势屈肘、翻腕，造成球脱手。

B. 手触球时，双手距离过大或手指、手腕未用力，造成漏接。

C. 助跑起跳接高球时，判断不准，起跳过早或过晚而接不到球。

在比赛中，守门员接高球多用于断截对手的长传吊中球或边路传中球与角球吊中。

（四）扑球

当对方将球射向守门员身体两侧时，守门员在原地或侧向移动已不可能接到球，必须运用倒地扑接球的方法。

1. 原地倒地扑侧面球

倒地时脚先着地，依次是小腿、大腿、臀部、上体和手臂外侧着地。

原地倒地扑侧面球易犯错误：

（1）倒地时未按身体着地顺序倒地，而是像平板式倒地，容易

接高球

摔伤。

（2）倒地时身体未伸展开，扑球后未立即收腹屈膝，球容易脱手。

在比赛中，在对手用小角度近距离射门或快速的低平球射门时，应原地倒地扑球。

2. 跃起扑侧面低球

扑球

同侧脚用力蹬地跃起，身体展开，两臂伸出接球，落地时，两手按球，前臂、肩、上体侧面和下肢侧面依次着地，屈膝团身，将球抱于胸前。

跃起扑侧面低球易犯错误：

（1）判断不准确，跃起太高，球从守门员腋下穿过入网。

（2）手持球后，手指和手腕未用力，容易造成脱手。

（3）手持球后未将球抱于胸前，或未屈膝团身保护球，造成脱手。

比赛中，如果对方向球门柱附近或利用底线扣中传来低平直球，这种球速度快，力量大，一般传射的距离也比较近，守门员应用跃起扑接的方法接球。

3. 跃起扑侧面空中球

同侧脚用力蹬地，向侧上方跃起，身体展开伸出挡接球。落地时，两手按球，前臂、肩、上体侧面和下肢依次着地，同时屈肘、翻掌屈膝团身将球抱于胸前。

跃起扑侧面空中球易犯错误：

（1）蹬地脚爆发力不够，身体未能腾空。

（2）身体腾空后，未能展开，双臂未能伸向来球。

（3）接球落地时，手指、手腕用力不够，造成脱手。

比赛中，守门员应对对方射向球门柱两端的空中球或断截对方边路传中的空中球时，应跃起扑球。

4. 扑脚下球

果断前冲，缩小角度，降低重心。在射门队员触球前的一刹那或触球同时，突然扑向对方脚下。身体侧倒，尽可能封住角度，断球后立即屈膝团身保护身体和球。

扑脚下球易犯错误：

（1）判断不准、出击不果断，容易被对手骗过。

（2）扑脚下球时，未利用身体封堵，容易受伤与脱手。

（3）扑到球后，未立即屈膝团身做自我保护。

比赛中，在对手已突破后卫防线直逼球门时，守门员应果断外出，迅速接近对手。这样一方面可以缩小射门角度，同时也给对手以心理上的威胁。

（五）拳击球

守门员没有把握接球或有对手争抢时，守门员为了避免接球脱手，经常采用拳击球的方法，将球击出。

1. 单拳击球

两眼注视来球，判断移动到位，当球飞行至身体前上方时，快速冲拳击球。

单拳击球易犯错误：

（1）击球时不是用屈臂冲拳击球，而是用抢臂挥拳击球，出球无力。

（2）跳起过早或过晚都不能发挥击球的最大力量。

比赛中，在对方采用长传冲吊、边路传中或利用发角球高吊传中时，如门前混乱，双方都在跳起争顶，守门员要应用跳起单拳击球的方法。

2. 双拳击球

判断来球，移动到位，两臂屈肘握拳于胸前。当跳至接近最高点时，双拳同时决速冲击球。

双拳击球易犯错误：

（1）击球前两臂过早伸直，击球无力。

（2）动作速度慢，没有发挥出前冲力量。

比赛中，当对方利用力量较大稍高于头部的平直球向门前冲吊，本方后卫又背对来球，不能判断球的情况时，守门员应果断出击，运用双拳击球的方法将球击出。

（六）托球

在比赛中对方有弧度较大的高球吊向球门，来球旋转很快。其落点又在球门横梁附近，守门员跳起接球把握性不大时，多采用托球，将球托过横梁。

1. 跳起托球

判断来球，屈膝下蹲，用力跳起，身体展至背呈弓形，手臂伸向来球底部，掌心向上，手指用力将球稍向后上方托起，使球越过球门横梁。

跳起托球易犯错误：

（1）对来球弧度、速度判断不准，造成球擦手而过。

（2）起跳时间没有掌握好，未能在最高点托击球。

比赛中，对速度快、旋转急、没有把握接住的来球或在球门横梁上勉强可以触到的球，应跳起将球托过球门横梁。

2. 向后鱼跃托球

判断好来球，后退跑中跃起，身体展至背呈弓形，仰体，手臂向后伸出，掌心向上，用手掌指根部将球向后上方托起。托球后转体侧身屈体落地。

比赛中，守门员站位靠前或正在向外出击时，如果有弧度较大的高球吊向球门，守门员已来不及退回门前接球，就需要快速后退，运用向后鱼跃托球，将球托出场外。

3. 向侧跃起托球

向侧跃起托球动作与跃起扑侧面空中球动作相同，只是用靠近球一侧的手臂用力伸直将球托出，另一手臂屈肘在体前。

向侧跃起托球易犯错误：

（1）蹬地力量不够，身体未能展开，够不到球。

（2）托球时手臂未伸直，手触球时手指未用力。

比赛中，当对方将球射向球门的左、右上角，守门员跃起扑球很难接到球时，应运用向侧跃起托球的方法。

（七）掷球

这是在比赛中守门员接到球后为了争取时间组织快速反击，用手将球传给同队队员的技术动作。

1. 单手肩上掷球

两脚前后开立，单手持球于肩上，身体侧转，利用后脚蹬地、转体、挥臂、甩腕的力量将球掷出。

单手肩上掷球易犯错误：

（1）没有充分利用蹬地、转体、收腹动作，出球无力。

（2）球出手时没有甩腕动作，出手速度不快。

比赛中，需要将球准确、快速地掷给在中场的队员，而又便于队员接球时，运用单手肩上掷球。

2. 单手低手掷球

两脚前后开立，单手体侧持球后摆，重心后移，利用后脚蹬地、转体、挥臂、拨指的力量向前掷出地滚球。

单手低手掷球易犯错误：

（1）掷球时，身体重心未降低，掷出的球在地面反弹，队员不好接球。

（2）掷球手未前送，出球不准。

多运用于比赛中掷给在罚球区附近的后卫。

3. 侧身勾手掷球

两脚前后开立，身体侧对出球方向，单手持球后引，臂微屈，同时重心移到后脚上。掷球时，后脚用力蹬地，同时转体，重心由后腿移向前脚。掷球手臂由后向前经体侧沿弧线摆至肩上时，手指、手腕用力将球掷向目标。球出手后，后脚向前迈出，维持身体平衡。

侧身勾手掷球易犯错误：

（1）挥臂时，未能同时蹬地转体，造成出球无力，也容易出手过早使球高飞。

（2）出球时没有甩腕动作，球出手的速度不快。

侧身勾手掷球是手掷球中力量最大的一种掷球方法。比赛中，守门员可运用侧身勾手掷球，掷给距离较远的同伴。

（八）抛踢球

这是在比赛中守门员接到球后直接传给远离自己的同队队员时采用的技术动作。抛踢球有踢自抛的下落空中球和踢自抛的反弹球两种方法，其动作要领与脚背正面踢球基本相同。但由于要求踢得远，守门员都是向前上方踢。

1. 抛踢空中球

首先要抛好球，可用双手或单手抛球。在抛球前先向前助跑两步，当支撑脚落地时，上体稍向支撑脚一侧倾斜，身体重心落在支撑腿上。此时将球抛起，球不要抛得太高，球离开手后，摆动腿以髋关节为轴，大腿带动小腿前摆，用正脚背击球的后下部。触球后小腿随球前摆。

抛踢空中球易犯错误：

（1）抛球太高，击球不准，出球偏高。

（2）踢球时，身体重心未完全落在支撑脚上，摆动腿不能充分摆动。

抛踢空中球多用于远距离大力发球，如直接传球给在对方半场的本队中锋。

2. 抛踢反弹球

抛踢反弹球动作方法与抛踢空中球基本相同，两者的主要区别是小腿加速前摆与脚接触球的时间应在球自地面反弹起的一刹那，距地面15厘米左右时，用正脚背击球的后中部。触球后小腿随球前摆。

抛踢反弹球易犯错误：

（1）抛球太高，不容易判断反弹后的击球点。

（2）摆腿动作慢，击在球的下部，造成高飞球。

抛踢反弹球出球快，比较准确，球飞行的路线低，比赛中多用于中距离传球。下雨天不适宜用抛踢反弹球。

足球基本战术

一、足球战术的概念与分类

足球是一项对抗性很强的集体运动项目，因此在比赛中常常需要几个队员相互合作配合，这种相互配合合作的行为就是足球战术活动。足球战术是指运动员在比赛中为战胜对手而采取的各种集体配合活动和个人突破行动。

战术的作用是最大限度地发挥自己一方的各种优势，最大限度地限制对方的各种特长，为保证自己能够取得比赛的最后胜利而创造机会的手段和方法。

足球战术依据不同的分类标准可以分为多种类型，一般按攻守关系可分为进攻战术与防守战术；按参加配合活动的人员多少可分为个人战术、小组战术、成队战术；按完成战术涉及的范围分为局部战术和整体战术；按照战术的特殊性分为任意球战术、固定战术；按照战术实施的场区分为中路战术、边路战术等多种不同战术。

二、执行战术原则

（一）进攻战术原则

进攻时，为了使进攻战术的运用效果更好，每个队员都必须了解、掌握并善于合理运用进攻战术的下列四大原则。

1. 制造宽度原则

制造宽度原则是指：进攻者积极跑动，尽可能利用场地宽度，拉开两翼，迫使防守者扩大防守面积，使进攻的空当增大，便于队员空插与传切配合。这一原则主要应用于稳步组织进攻的战术中，多运用短传和横传，为渗透性进攻寻找好的机会。

2. 传切渗透原则

传切渗透原则是指，采用横传拉开防守后，控球者通过传球、运球等方法逐步渗透，寻找空当向前推进，创造射门机会。这一原则不仅要求队员具备准确、快速的传球渗透能力，而且要求其具有良好的移动速度，渗透越快，射门的机会就越多。

3. 机动灵活原则

机动灵活原则是指，在进攻中被对方紧逼盯防时，所采取的机智行动。有球活动时主要向一侧运球，为同伴创造另一侧空当，便于其切入接传球；向前方运球会为身后创造空当。无球活动则主要体现在有意识地穿插跑位，为持球同伴拉开空当，创造传球点。在执行灵活原则时，队员要具备陕速启动的能力。

4. 随机应变原则

随机应变原则是指，在进攻中合理地、创造性地突然运用技巧、战术变化创造出射门机会及抢时机射门。采取应变措施时，队员需要有良好的身体素质、全面而熟练的技术、丰富的比赛经验、稳定的心理作保证。因此，直觉、应变思维、临场经验、本能反应等战术素养和个人天赋就成为随机应变的必备条件。

（二）防守原则

为使防守战术运用的效果更好，每个队员都必须了解、掌握合理运用防守战术的下列四大原则。

1. 延缓进攻原则

延缓进攻原则是指，延缓阻碍对方的进攻速度，为本队组织严密的防守布局争取时间。延缓原则常用于进攻失球后，离球最近的队员或附近的队员应立即上前逼抢，阻止对方有组织的快速反击。如果不能立即抢夺回球，也不能让对手很顺利地向前传球或快速带球向前推进，特别要阻止对方发动快速反击，要迫使其做横传、回传，放慢进攻速度，从而为本方争得时间以退守到位，形成以多防少的有利局面。

2. 对口平衡原则

对口平衡原则是指，防守队员在人数上至少与进攻队员保持等量。在延缓对手进攻速度的同时，其他队员要迅速回撤到自己的防守位置上，并在整体布局上形成相互保护的合理站位，出现攻守人数的均衡，造成对方在刚发动进攻的阶段就不占有人数优势。因此，无论是盯人防守还是区域防守都要"对口"达到攻守人数平衡，这样才有可能稳固防守。

3. 收缩保护原则

收缩保护原则是指，防守队员在回位后，迅速组织好整体防守，使防守集体性得到加强；每个人都要防守好自己的区域，并注意互相保护和补位；它能有效地破坏和控制对手的进攻，使防守处于相对稳固的态势。防守队员在实施收缩保护原则时，要集中注意力，面对进攻者要果断地采取积极性的反抢行动，力争将球夺回来。

4. 紧盯控制原则

紧盯控制原则是指，当对方向本方罚球区及其附近逼进时，为了确保球门安全，防守队员必须采用紧逼盯人与区域盯人相结合的方法，控制对手在此区域的一切行动。防守队员在实施紧盯控制原则时要尽自己最大能力，不让对手控球、突破、传球、射门，当守门员出击和扑球时，要及时做好保护或补门。

在紧盯控制时，防守队员可采用限制进攻者靠近球，封堵控球者脚下球，抢截和追逼进攻者等技术。总之，防守者必须竭尽全力，阻拦和扼制进攻队员任何可能的射门动作。

三、比赛阵型

为了适应攻守战术的需要，全队队员在场上的位置排列和职责分工，称为比赛阵型。各阵型的名称是按队员排列的形状而定。自19世纪中期世界上有了第一个足球比赛阵型至今日的"四三三"、"三五二"、"四二四"等，以及某些国家所采用的"水泥式"、"锁链式"等，都是沿着这一个客观规律演变和发展的。

1+1+9和1+2+2+6阵型

这两种阵型产生于19世纪六七十年代，是足球比赛的起源阵型。它的基本战术思想是片面追求进攻，"一窝蜂"踢球和带球是比赛场景的特征。因此，就当时阵型的作用而言，没有明显组织队员的意义。

1 + 2 + 3 + 5 阵型

随着足球演变中传球的发展，场上队员的组织性日趋显得重要，因此，就产生出 1 + 2 + 3 + 5 阵型。该阵式中中前卫的主要职能是进攻，两个边前卫参与防守，主要防范于对方的两边锋。这一阵型基本思想进攻仍占主导位置，它由局部传球配合形式开始，逐步形成和发展成该阵型。

1 + 3 + 2 + 2 + 3（W – M）阵型

W – M 阵型是在 1925 年越位规则改变后，由英国兵工厂队的主教练查普曼所创造的。该阵式基本思想是试图通过牢固的防守瓦解对手进攻，首先原则是"安全第一"。由于这一阵式问世后效果甚佳，因此，它不仅迅速被英国接受，而且也很快地波及欧洲乃至世界范围。

该阵式防守的主要特点是区域与盯人不断转换，距球门近时人盯人防守，离球门远时则松动盯人。当发动进攻时，留下中前卫和两边卫防守。其进攻特点是两内锋稍后撤，作为进攻的重点组织者，中锋和两边锋担负攻门得分的主要任务。

该阵式虽以加强防守为基本思想，并确实在阻止越位规则变化后的进球数上升中起到一定作用，但由于进攻时防守人数太少，在遇到对方发动快速反击，特别是 30 年代初期匈牙利队采用的四前锋制时，防守则显得过分薄弱。于是，1958 年巴西队以 1 + 4 + 2 + 4 阵式开创了阵式演化的又一新曲。

1 + 4 + 2 + 4 阵型

该阵型是一种攻守队员排列极为平衡的阵型。在此阵型运用中，两前卫是承上启下的中坚力量。当进攻时，他们积极组织策应，当防守时，则迅速回拦堵截。由于活动频繁，该阵型对两前卫的体力及技术的全面性有着特殊的要求。该阵型的弱点是中场力量相对薄弱。特别是当两前卫队员在体力及全面技术上不足时，就更是如此。这一阵型也要求锋线及卫线在攻守的不同阶段，积极策应中场的攻攻守。

1 + 4 + 3 + 3 阵型

它与 1 + 4 + 2 + 4 阵型的区别在于，撤回一个前锋至中场，加强中场人数的力量。

该阵型的位置较为灵活，它要求队员能根据战势机动调整位置，同时在位置变换中又始终保持整体的组织性。从防守者看，1 + 4 + 3 + 3

阵型至少有七个防守者，一般说，大多数队常是六人参与积极进攻。当进攻时，三前锋和三前卫总是受到严密盯防，这样 1＋4＋3＋3 阵型特别强调后卫线突然插上。在后卫插上时，该阵型一方面要求插上者必须把握时机，慎重行事，另一方面则要求其他队员必须注意在对手反击时的补位。当进攻一方后卫频频参与助攻时，防守方面也要求本队前锋队员回撤参与防守。

1＋4＋4＋2 阵型

该阵型是在 1966 年世界杯赛中得到确认的。当时英国队教练拉姆塞因缺乏世界级的优秀边锋，便拉回一个边锋队员组成 1＋4＋4＋2 阵型。该阵型进攻特点是中场和后卫队员频繁套边活动，以构成对方门前险情。另一常见进攻打法，是两边锋制造宽度，中场两内前卫括入禁区得分。第三个常见进攻方式是利用两前锋速度快技术好的特点，在抢断球后迅速长传发动快速反击。在防守上，该阵型主要强调队员回位和密集防守下的组织与协调配合。

1＋3＋3＋4 阵型

该阵型在中、北美洲最为流行，在欧洲和南美也有采用。它的特点是注重于进攻的人数优势，倾向于冒险和令人激动的打法形式，当进攻时，除了四前锋和三前卫参战外，两边卫也积极助攻，在防守时，1＋3＋3＋4 阵型要求中场必须有一队员撤回担当盯人中卫的角色，锋线队员退守加强中场力量，中卫多以清道夫形式指挥防守并随时准备补位。

该阵型的特点是进攻力量强，但在防守组织上稍有疏忽，便容易产生漏洞，尤其是当中场队员压入禁区附近，而对方突然发动长传快速反击时，这方面的不足之处更易暴露。

"混凝土" 阵型

"混凝土" 阵型是由意大利队在 1949 年飞机遇难，失去 17 名优秀队员后所创造的，50 年代中期在世界范围逐渐得到普及。

该阵型是一种完全侧重防守的位置排列，清道夫担负防守组织、指挥的核心作用，他置于除守门员外所有防守者之后，如果任一区域被对手突破，清道夫将补上迎战；如果有进攻者无人盯防，清道夫也将上前堵截，当清道夫离位参战时，必须有其他防守队员补上清道夫的位置。

该阵型的指导思想在于筑起坚固的防守，但其变化形式则是多样的，有时进攻者可排列 3～4 人，有时仅 1～2 人。当与 1＋4＋2＋4 阵型交锋时，"混凝土" 阵型常以 1＋1＋4＋2＋3 或 1＋1＋4＋3＋2 对垒，当对方采用 1 + 4 + 3 + 3 阵型时，它又常呈现出 1 + 1 + 3 + 4 + 2 或 1 + 1 + 3 + 3 + 3 布局，有时面临对方的攻击性较强"混凝土"阵型还可排列为 1 + 1 + 5 + 2 + 2。总之，"混凝土"阵型无论对方怎样布局，它总是在防守城上至少多于对方一个队员。

四、比赛阵形中各位置的职责

（一）守门员的职责

（1）守门员是防守的最后一道屏障，要力争守住球门。

（2）要尽量扩大活动范围，利用空中优势争夺空中球，起到第三中卫的作用并及时出击。

（3）守门员要掌握全面的守门技术，还必须有高度的战术素养；利用踢、接、击、扑等技术将对方的传球和运球断掉或破坏掉，确保大门安全。

（4）守门员起到激励士气指挥全队的防守作用。

（5）守门员的进攻职责是，接球后利用手抛球和抛踢球，迅速、准确地传给位置最好的同伴，直接发起进攻。

（二）后卫的职责

1. 边后卫的职责

（1）边后卫位置处于守门员与前卫之间，活动范围在场区的左边或右边，是全队主要的防守力量。

（2）全力阻止对方在边路发起进攻，扼守禁区两侧威胁球门的通路。

（3）不让进攻队员突破，一旦被突破要立即去追，追上后要尽力阻止对方下底，假如对方下底后不让其传中。

（4）边后卫要掌握全面的防守技术，还必须有高度的战术素养；对手接球前要紧追不让其接球，接球后要防其突破或传中并伺机将球抢下来。

（5）边后卫要与中卫、前卫协同防守，并相互保护、补位，区域结合盯人，防对方转移、插上或包抄射门。

（6）由守转攻时，主动参与进攻，成为中、后场的组织者，并在同侧的边锋队员内切或回撤时，利用空当插上进攻，起着第二边锋的作用。

2. 中后卫的职责

（1）中后卫是防守的支柱，位于左后卫和右后卫之间，保护球门前中央禁区的危险地带，确保球门安全。

（2）在"四三三"阵形中有两名中卫，按其位置可分为左中卫和右中卫，按其职责可分为突前中卫（盯人中卫）和拖后中卫（自由中卫），站位方式基本上是一前一后，并保持一定的斜线距离。

（3）突前中卫采取紧逼盯人防守对方的突前中锋；拖后中卫（自由中卫）在防守时于左右补位，弥补防守线上出现的漏洞。中卫都要随时截断、破坏对方传入后卫身后的球或补抢、夹击运球突破对手，弥补防守线出现的漏洞并居后指挥整个防线挤压中场或及时收缩防守。

（4）进攻时，后卫应及时接应前卫、边后卫的回传，得球后快速发动进攻，也可伺机插上进攻。

（5）进攻时，本方踢角球，高大的中卫可以到对方门前争顶攻门。

（三）前卫的职责

边前卫的位置处于后卫与前锋之间，是锋、卫之间的桥梁和攻、防的枢纽。如果是三名前卫，通常是左、右两名边前卫突前，一名中前卫拖后，共同形成三角形；如果是四名前卫，就让另一名中前卫突前一点，保持层次，控制中场。前卫要求技术全面，体力充沛，战术意识好。进攻时，前卫是中场的发动机；防守时，前卫是阻止对方进攻的屏障。

1. 边前卫的职责

（1）重点看守对方的前卫，就地抢截。

（2）延续、瓦解对方的进攻，为本方后卫组织整体防线赢得时间。

（3）盯防对方插上的前卫，协助本方中卫和边后卫夹击、围抢对方持球队员，并与拖后前卫组成罚球区前的防守屏障。

（4）进攻时是主要的组织者。

（5）要及时、准确地将球传到对方后卫身后，为本方前锋突破射门创造条件，并伺机插上或者与同伴配合突破对方防线射门得分。

2. 中前卫的职责

（1）是封锁对方进攻的通道的防守屏障。

（2）延缓对方进攻速度，从而为本方后卫组织整体防线赢得时间。

（3）在后场要盯死从中场插上的对方前卫或中卫，使本方得以插上后卫的空当。

（4）进攻时是中场的接应和支持者，能通过长传转移进攻方向，并具有适时插上和大力远射的能力。

（三）前锋的职责

1. 边锋的职责

（1）边锋位置处于最前端，是全队主要的进攻力量。

（2）活动范围在场区的左（右）边、中间等，可分为左边锋、右边锋。

（3）通过传切配合、运球突破对方边路防守来射门或传中。

（4）由攻转守时，盯住本侧的对方后卫，不让其轻易助攻。如该后卫插上进攻时，应积极紧逼盯防。

（5）在同侧后卫插上进攻，而本队失控球权时，应迅速回撤，协助防守。

2. 中锋的职责

（1）中锋是全队进攻锋线的尖刀和主要得分手。

（2）活动范围主要在前场对方禁区附近。

（3）掌握熟练的过人技术和突破能力，力争突破对方防线，寻找和制造射门得分机会。

（4）通过穿插扯动，利用突破配合，为同伴创造射门机会。

（5）防守时不要回撤太多，在中场根据对方队员所在位置横向移动，以牵制对方两名中卫。

（6）本队一旦在前场丢球，要积极迅速回抢，阻扰对方的进攻速度，为本方从容组织回防赢得时间。

前锋除积极进攻外，防守时还要紧盯自己的对手——对方中卫和边卫，还要协助本方的后卫线来防守对方的锋线队员。前锋职责范围气势磅礴，这是现代足球"全面型"打法的需要。

五、守门员战术

前面我们讲到，守门员既是防守的组织者，又是进攻的发动者，所以守门员战术有防守战术和进攻战术两类。

（一）守门员防守战术

1. 门前站位

（1）比赛进行中的站位

应选择在对方射门时，球所在位置与两个球门柱之间所形成的分角线上。

在这个原则下，根据对方射门距离的远近可适当地前移或弃门外出，缩小对方射门角度。

（2）防守定位球时的站位

A. 防守任意球，主要是前场本方罚球区附近的任意球时，一般情况下，守门员负责组织"人墙"，他首先应站到距球近的一侧门柱，看"人墙"是否封住近角，然后选择远角站位，并且一定要看到球，不要让"人墙"挡住自己的视线。

B. 防守角球时，他应选择站在远端球门柱一米左右的球门线外。

2. 出击断截球

（1）对边路传中的空中球，落点在球门附近时，守门员应果断出击争夺此球，并根据当时情况应用各种方法将球接住或击出。

（2）凡落点在点球附近的从不同角度、方向长传来的球，守门员应迅速而果断地冲出，抢断第一点。

（二）守门员进攻战术

守门员进攻战术一般有两种形式：一种是罚球区内或罚球区附近的定位球由守门员发起进攻；另一种是接球后用手掷或抛踢球发动进攻。不管哪一种形式，守门员发出的球有三种情况：一是当对方已回撤时，守门员将球发给后场的边后卫；二是需要发动快速反击时，守门员将球直接开给前场的同伴；三是中场比较空时，守门员将球直接传给有利位置上的中场前卫。

六、定位球进攻战术

定位球战术是指在比赛中，利用"死球"后重新开始比赛的机会组织进攻与防守配合的战术方法。定位球战术包括中圈开球、角球、任意球、点球、掷界外球等。

根据有关研究资料表明，约有 40% ~50% 的入球是来自于定位球配合，特别是在许多关键性的比赛中的胜负常常是任意球、角球、掷界外球配合后攻入的。这是因为定位球进攻与一般的配合进攻相比，有以下 5 个方面的有利条件。

（1）球的罚出或掷出是在死球状态下，不存在控球问题。

（2）除掷界外球外，对手都必须在距离球 10 码以外的位置，无法对罚球队员施加防守压力。

（3）投入的进攻人数较多，一般有 8 ~9 名队员，他们可以在不招致任何风险的情况下向前进入攻击位置。

（4）队员可以在预先设计的进攻点站位，以最大限度地发挥每个队员的作用。

（5）通过训练可达到很高水平的协同行动与把握时机的能力。

这5个因素的综合作用，使得防守队员对定位球的防守难度极大，若进攻队员在配合中投入得更多，防守定位球的难度会更加提高。教练员可以对罚球队员、接应队员、插上队员等进行针对性的安排与训练，这样往往会取得良好的效果。

（一）任意球进攻战术

1. 直接任意球

直接任意球是可以直接射门得分的罚球。在具体情况上有两种：一种是可以直接射门并破门进球的可能性很大，另一种是可以直接射门但是进门的可能性较小。如果出现直接射门的好机会，则应果断决定实施直接射门。任意球最好的机会是在罚球区的罚球弧内或附近处的任意球。

在这一区域的任意球的进攻战术组织应基于这样的原则：遮蔽守门员的对球视线，以使其对任何射门——劲射或巧射的反应减慢。

为达到遮蔽守门员视线的目的，可以派两名进攻队员延长对手"防守人墙"两侧的宽度或位于守门员一侧的人墙宽度。为了能用身体挡住防守队守门员的视线，这两名队员应成直立姿势站位，他们的位置可以与人墙保持平行，也可在离球6~7米处。当主罚队员将球罚出后，这两名攻方队员应及时散开并准备补射。散开时机要把握到精妙之处，尽量晚一点，让对方守门员能够看到球的时间越晚越好。

任意球

罚球时，应由两名罚球队员站于罚球位置上，这样可以使对手产生疑问，不能确定哪一位是主罚队员；如果两名罚球队员从不同的角度跑动，还可以踢出不同类型的弧线球，如果一个是左脚队员而另一个是右脚队员最好。两个队员从不同的角度助跑将使诱骗对手的战术配合更容易获得成功，非主罚队员还可以掩护主罚队员使防守队员产生迷惑感，行动迟缓。

在罚球区中路附近的直接任意球射门方式一般有以下一些方法：

（1）劲射。主罚队员发现防守人墙不严密、有空隙或者是防守人墙宽度不够，未将守门员远侧的球门角度封死或守门员站位错误时，这时主罚队员可以采取大力射门。这种罚球对罚球力量与准确性上都有较高的要求。

（2）弧线球射门。由于防守人墙的严密防守，从两侧射门的角度受到很大的限制。所以，主罚队员可以采取踢弧线球，以绕过防守人墙射门。踢出的弧线球以向侧前旋转效果最好。踢弧线球射门时一般以射近门柱一侧为主，射这一侧的成功机会比射远门柱一侧的成功机会高出90%。

（3）快速射门。当出现罚任意球时，不必等裁判员鸣哨再罚球。球放稳后，要乘防守队员此时思想放松，尚未高度集中，防守阵线有漏洞，守门员在组织人墙时，迅速实施射门，这时的射门往往能收到较好的效果。

（4）战术配合射门。为了能够取得更好的射门角度和效果，常常采取配合射门。配合射门主要是利用突然传球配合和迷惑手段，避开防守队员的防守或是防守人墙，为主罚队员创造更好的射门角度或机会。

主罚队员罚球前，两名同伴站在对方守门员负责防守的球门一侧的防守人墙的端点一侧，以挡住守门员的视线。当主罚队员踢出球后，这两名队员即刻向两侧避开，球从闪开的空间飞过直入球门。

在罚球区外侧方罚任意球时，由于射门的角度较小且离球门较远，在罚球时的基本原则是将球传至防守队员的后方。分析表明，在罚球区外侧区域出现任意球的机率最大，因此，应当对这种区域的任意球的罚球配合进行更多的训练，以取得更理想的效果。

2. 间接任意球

间接任意球是主罚队员不能直接踢球射入对方球门的任意球。主罚队员踢球后，球必须经其他队员触及后射入对方球门才算有效，否则无效。另外，当罚球地点距离球门过远，射门角度过小，防守队员人员密集时，一般采取间接射门。间接射门常常采用的战术配合有以下几种。

（1）快速一拨即射。

此外，利用防守队员尚未站好位置、组织起防守人墙时，迅速将球罚出传到防守空当去，由插上的队员快速完成射门。

（2）空间抢点射门或空间掩护射门。空间抢点射门一般是将球罚向预定的攻击目标区上空，由同伴在此区域利用身高或抢位争顶头球射门；另一种方法是突然从后插到前点，在前点直接头球射门，还有一种是将球传至前点，由抢前点的队员向后点蹭，真正抢点射门的队员从后点争球抢点射门。这几种方法在世界杯大赛上都取得了很好的效果。

（3）声东击西攻其不备。利用一些进攻队员无球跑动佯攻对方的一侧，吸引防守队员的注意力，突然将球传到防守队员身后的另一侧实施真正攻击的队员脚下，由其射门。

（二）角球进攻战术

角球进攻有两个有利条件：一是罚角球可以直接射门得分，一是进攻队员直接接得角球没有越位犯规。罚球队员需要有良好的踢球技术，对自己罚出球的弧线和落点控制要有十分的把握。角球的落点一般在球门区线上附近的区域，因为这个区域守门员不易争抢到球，所以较少冒险出击，而进攻队员在此区域既可直接顶球射门也可踢球射门。

角球进攻

角球的进攻方法一般有以下几种。

1. 直接踢弧线球射门

不论踢角球在球门左边或球门右边，在试图直接射门得分踢角球时，多数是以侧弧线球攻击球门的两个上角区域部位。

2. 将球直接踢向威胁区域

球门前两个椭圆区域内进攻队员人数较多，防守队员也不少。守门员活动受限，不敢轻易远离球门争抢空中球。进攻队应重点在这些区域布置攻击队员专门负责争夺此区域的空间优势。从近几届的世界杯大赛中的角球情况看，所进角球几乎全部采用此种方式。

3. 中短距离配合战术角球

这种战术配合的主要目的是取得更好的传中位置和传球角度。

（三）界外球攻守战术

足球比赛中掷界外球的次数很多，特别是在前场的界外球，它已接近了角球对双方所产生的影响和效果，且投掷界外球无越位限制，有利于进攻方的战术配合。

1. 掷界外球进攻战术

（1）直接回传：由接球者直接或间接回传给掷球者，由掷球者组织进攻。

（2）摆脱接球：用突然的变速变向摆脱防守，接应或插入接球，展开进攻。

（3）长传攻击：由擅长掷球的队员掷出长传球，由同伴在对方门前配合攻击是经常用的方法。如掷球给跑动中的同伴，接球后用头顶后蹭传球，另两名队员配合同时包抄抢点攻门。

2. 界外球防守战术

（1）在掷球局部要紧逼，特别是有可能接球者，要死盯。

（2）对比较危险的地域和有可能出现的空当要重点防守和保护。

（3）对手在前场掷球时，应采取相应的防守对策，派人在掷球者前面影响掷球的远度和准确性，对重点对象要盯紧，选择防守的有利位置。

（四）球门球战术

1. 进攻方法

（1）长传和短传方式：直接将球踢出组织进攻。

（2）通过守门员的后卫的配合，由守门员再发球进攻。

2. 球门球的防守

（1）对方大脚发球时要严密控制落点和紧逼盯人并做好保护。

（2）本队进攻结束，对方踢球门球时，除前锋队员干扰对方配合，延缓进攻速度外，其他队员应回防到位。

（五）开球战术

1. 开球进攻战术

（1）组织推进：利用开球进行控制球、倒脚，寻找进攻机会。

（2）长传突袭：利用比赛刚开始对方思想不集中，站位不好，出现明显空当时，采用长传突袭，使对方措手不及。这种战术即使不能成功，也会给对方造成心理上的压力。

2. 开球防守战术

主要是全队思想集中，选好位置，严防对方偷袭。当对方采用短传推进时，按防守原则行动，力争尽快地夺得控球权。

（六）罚球点球的攻守战术

1. 主罚队员

（1）以射准为主，以力射为辅，射球门的底角和上角最优，但要留有余地。

（2）心理要稳定，有必进的信心。

（3）先看守门员位置，决定射门方向，不能轻易改变决定。

2. 守门员防守

（1）应有必胜的信心，心理要稳定，因为对方主罚队员更紧张，守门员守不住不会受到更多的指责。

（2）可以采用故意放大一侧的方法，或者用假动作迷惑干扰对手。

（3）掌握对手惯用的脚法和射门方位等特点，有针对性的防守。

（4）不论射向哪个方向，总是向某一底角扑出，因为单纯靠反应再扑救是来不及的。

七、个人进攻战术

个人进攻战术是局部进攻战术和全队进攻战术的基础。个人进攻战术水平的高低直接影响着局部和全队进攻战术的质量，同时，个人进攻战术必须服从于局部和全队进攻战术。

个人进攻战术包括如下几种：

（一）跑位

跑位是指足球比赛中队员在无球的情况下，通过有意识的跑动，为自己或同伴创造进攻机会和行动。

据统计，在一场90分钟的足球比赛中，除去死球，实际比赛的时间约有60分钟，而每名队员的实际控球时间仅有几分钟，其他时间都在不停地跑动，由此可见跑位十分重要，它是进攻战术的基础。根据跑位的目的和开始状态，跑位可分为：摆脱和接应、切入和插上、扯动和牵制。

常用的跑位方法是：突然变速跑、变向跑、起动和急停等。敏锐的观察、明确的目的、合理的时机、多变的行动是跑位战术的主要内容。

1. 敏锐的观察

当本方获得控球权由守转攻时，无球队员的首要任务就是观察控球队员所处的场区位置、控球的情况、有可能传球的角度和方向，其次观察对手对控球同伴的防守及布防的情况，同时还要观察本方其他同伴的跑位。敏锐的观察的目的是收集场上的信息，使下一步的行动更加合理。

2. 明确的目的

通过观察了解了场上的情况后，无球队员就应根据自己肩负的任务以及配合同伴的行动，明确地做出判断，采用什么样的跑位方式。

（1）摆脱：在对手紧逼时，队员所采取的脱离对手的行动。摆脱常用的方法有变向、变速、做假动作等。摆脱的目的是为了获得有效的时间和空间。

（2）接应：为接球或与同伴配合而向控球的同伴方向跑位跑动叫接应。接应是对控球同伴的支持和帮助。当控球同伴运球时受到对手的逼抢而处于一对一的僵局时，无球的同伴应迅速靠近控球队员以形成多打少的局面，运用二过一配合进行突破。但是，在接应同伴时应注意合理地选择接应的位置。当控球同伴局部区域防守队员较多时，接应队员就不能盲目地向控球队员靠拢，以免相互挤在一起失去突破的空间。

（3）拉开：当控球队员所在的区域防守力量较强，布防人员较多，无法在该区域进攻时，接应队员应迅速跑向其他地点以扩大防守面积，使控球队员能及时地改变进攻方向，同时，为同伴制造了空当。

（4）切入：当控球队员有传球的可能时，无球同伴应及时通过防守线向防守队员身后的空当接球。切入可以从防守队员的身前或身后移动到空当。由于防守队员必须随时观察控球队员的动态，所以从防守队员的身后切入更具隐蔽性，更易达到预期效果。

（5）扯动：无球队员通过合理的跑动，扰乱防守位置和部署，为同伴创造传、接空当。扯动的目的不在于拿球，而在于牵制防守者，使之失去防守位置从而打乱防守体系，为同伴的进攻创造机会。

3. 合理的时机

场上出现的空当往往稍纵即逝，因此发现空当后的跑位的时机要及时、合理。跑晚了或跑早了都容易被防守队员识破进攻意图，造成进攻的失败。因此，合理的跑位时机需传、跑队员都具备高度的战术意识和默契的配合能力。在比赛场上，跑位的时机通常有以下三种情况：

（1）无球队员先跑位，通过跑位引导控球队员传球。

（2）控球队员通过眼光、手势、声音等方式与跑位队员交流，并通过传球带动无球队员的跑位。

（3）无球队员根据平时训练的战术安排在控球队员得球后即开始

跑位。

4. 多变的行动

足球比赛的多变性决定了跑位必须具有多变性，无球队员必须根据场上出现的各种情况，及时地做出相对合理的决定进行跑位。

（1）传球后要立即跑位：控球队员在完成传球后就变成了无球跑位队员，必须立即跑位接应同伴或插上进攻，只有迅速地完成传、跑角色的转换，全队的进攻才可以保持高节奏和连续不断。

（2）隐蔽跑位的意识：当无球队员的跑位意图被防守队员识破后，跑位能作用和效果将会大打折扣，甚至于被防守队员断球造成进攻的不利。因此，无球队员应利用各种办法迷惑防守队员，隐蔽真实的跑位意图，最终造成边攻上的成功。

（3）知己知彼：比赛中无球队员应尽快掌握对手的情况，并根据自身的情况，充分利用自身的优势，造成防守队员的被动失误，实现自己的意图。通常从防守队员的体能、速度、力量、身体素质、意识水平及比赛经验等方面了解对手。

（4）能跑和善跑：能跑和善跑可以为进攻制造更多的机会，是保证高质量进攻的关键。

（二）传球

传球是指队员在比赛中有目的地把球踢给同伴或踢向预定的方位。

传球是构成全队进攻战术的基础，是组织进攻、变换战术和创造射门机会的重要手段，也是迅速逼近对方球门最有效的方法。

传球在比赛中表现的形式多种多样，其分类方法也各有不同。按传球的距离可分为短传（15米以内）、中传（15～25米）和长传（25米以上）；按传球后的状态可分为直线球和弧线球；按传球的高度可分为地滚球、低球（膝部以下）、平直球（膝部以上头部以下）和高球（头部以上）；按传球的目标可分为向同伴传球和向空当传球；按接触出球的状态可分为直接传球和间接传球。

虽然传球在比赛中有多种多样的形式，但构成战术因素的主要有以下几个方面：

1. 传球的目标

在比赛中，为了实现进攻的效果，向前传球和向空当传球是主要的，但是，只有单一的向前传球和向空当传球容易被防守队员识破进攻的意图。传球必须是向前、向空当传球结合横传球和回传才能收到良好的进攻效果。另外，在有多名同伴接应的情况，应根据比赛和实际情况选择最有威胁的同伴进行传球。在比赛中，传球时应大胆和主动，而后场传球时则应该小心和谨慎。

2. 传球的时机

传球应及时，否则就会失去良机。传球的时机最好在同伴已经意识到，而且有可能占据有利位置时进行传球，也就是当同伴已经摆脱对手或同伴起动跑向空当时传球。传球早了，同伴没办法得到球；传球晚了，传球路线就会被对方堵死或者造成同伴越位。

3. 传球的力量

通常情况下，传球的力量应以接球同伴便于处理球为原则。向被防守队员紧逼的同伴脚下传球时，力量要稍大，使防守队员不容易抢断；向无人防守的同伴传球时，力量要适中，便于同伴处理球；向前传球时，应考虑同伴的速度，如果同伴的速度较快，则可传球力量大些，便于同伴发挥速度的优势。

总之，传球的目标、传球的时机和传球的力量是传球成败的主要因素，在这些因素中，任何一个因素的失误都可能造成传球的失败。

传球队员在传球时还应考虑以下几个因素：

（1）同伴的体能：如果接球同伴的体能下降，在传球时应多传同伴的脚下而不是向同伴身前的空当传球。

（2）场地条件：在场地条件不是很理想时，应减少传地滚球而多传空中球。

（3）自然条件：当顺风时，应适应地减轻传球的力量，在雨天或场地潮湿时进行比赛也应适当地减轻传球的力量。

（三）运球突破

运球突破在进攻战术中具有十分重要的作用。在比赛中，攻守双方处于相对平衡时，采用运球突破往往可以打破平衡起到意想不到的效果，但是不成功的运球突破不仅仅会造成进攻上的被动，更严重的是可能会影响到全队的团结。

比赛中，在以下情况下队员应大胆采用运球突破战术：

（1）当控球队员无人接应也不利于传球时，应大胆地运球突破创造射门或传球机会。

（2）当控球队员在对方的罚球区或接近罚球区时，应采用突破战术造成防守的被动。例如：防守方已布好了防守阵型，一对一紧逼进攻球员时，采用运球突破可以打破场上的攻守平衡，一旦突破成功，就可以在局部形成以多打少的局面。

（3）当防守方采用越位战术时，同时又没有同伴插上反越位，控球队员可采用运球突破战术。

（4）当控球队员面对最后一名防守队员，一旦突破即可形成射门时。

在运用运球突破战术时应注意：

（1）控球队员应随时观察场地的情况，主动地选择运球突破而不是被动地、盲目地运球突破。

（2）控球队员要掌握好运球突破的时机和距离，并随时将球控制在自己的范围内，做到能突破就突破，突破不成功也牢牢地控制住球。

（3）运球突破必须服务于全队战术，因此，控球队员在运球突破之后应及时地传球或射门，避免在运球突破之后拖泥带水而延误战机。

（四）射门

射门是一切进攻战术配合的最终目的，是进攻得分的唯一手段，也是足球比赛中最困难、最扣人心弦的环节。在现代足球比赛中，靠近球门区域往往防守人员多，拼抢凶狠，因此给射门带来了很大的困难。在这种情况下，进攻队员必须抓住瞬间即逝的射门时机，选用正确的射门脚法，做到射门突然、有力，使防守队员难以判断，才能达到破门的目的。

射门应注意以下几点：

1. 进攻队员应具备强烈的射门欲望

足球比赛中，除在前场射门得分外，在中、后场的远射和超远射门得分也屡见不鲜。这些远射和超远射门充分说明，队员只有具备强烈的射门欲望才可能得分。另外，射门机会的得到是来之不易的，是全队共同努力的结果。射门的成功与否关系到比赛的成败，也是由于种种的压力使得有的队员在该射门时选择了传球或突破，而错过了射门的最好时机。应该使队员明白，该射门时不射门是极大的错误。捕捉一切可能射门的机会是进攻的前奏，队员要敢于射门，要敢于承担射门不进的责任。

2. 良好的意识决定了射门的成功率

射门前观察守门员的站位，选择最佳射门角度。一般情况下，守门员的位置在球门中央时，应射向球门的两个下角；守门员封位球门近角

射门

时，应向远角射，远射的力量要适中。射门的力量应根据离射门的距离来决定。远射时应强调力量，力量大才能起到迅雷不及掩耳的效果。随着射门距离的缩短，则应在保持准确的前提下，做到力量适当。在选择射低球和高球时，应尽量射低球。接平、高球时，守门员的下肢肌、腰腹肌可直接快速蹬地伸长发挥作用。接低球时，则要先移动重心，伸肌再发挥作用，所以要慢些。以上种种都是射门的意识。进攻队员只有具备了良好的射门意识，才能提高射门的成功率。

3. 扎实的基本功是射门的保证

射门时可以采用脚背正面，脚背内、外侧，脚内侧等多种踢球技术，无论采用什么样的踢球技术，都必须在平时的训练中反复锤炼，在比赛中才能运用自如。

八、局部进攻战术

局部进攻战术是指在进攻中两名或几名队员之间的配合行动，其目的是把各种传球、运球和跑动的组合在一起，再局部突破对方的防线。局部配合的基本形成有：传切配合、交叉掩护配合、二过一战术配合和三过二战术配合。

（一）传切配合

传切配合是指控球队员向防守队员的身后传球，接应同伴越过防守队员，切入后得球的行动。传切配合主要有如下三种配合的形式：

1. 局部的一传一切

2. 长传切入配合

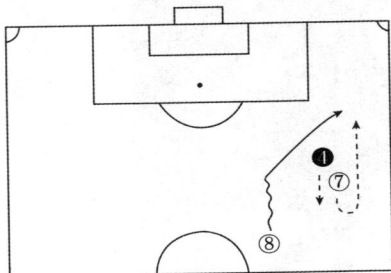

局部的一传一切图

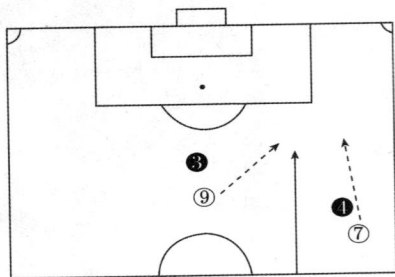

长传切入配合图

3. 长传转移切入配合

（二）交叉掩护配合

交叉掩护配合是指进攻队员运球逼近防守队员时，无球接应队员快速交叉跑动接应同伴的球，甩掉防守队员的紧逼。

交叉掩护配合应注意以下几点：

（1）控球队员运球靠近防守队员时，应注意护球，用身子把防守队员和球隔开，在球给同伴后，为迷惑对手要继续向前跑。

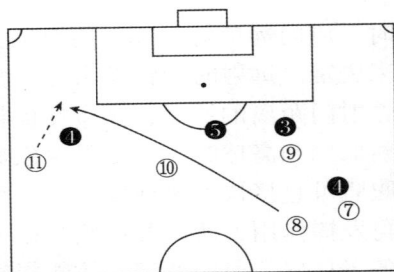

长传转移切入配合图

（2）接应队员要快速起动，交叉接球后加速向前运球。

（三）二过一战术配合

二过一战术是指在局部区域地区两名进攻队员通过两次连接传球配合，越过一名防守队员的配合方法。二过一战术配合的形式有：斜传直插二过一配合、直传斜插二过一配合、踢墙式二过一配合、回传反切二过一配合。

1. 斜传直插二过一配合

2. 直传斜插二过一配合

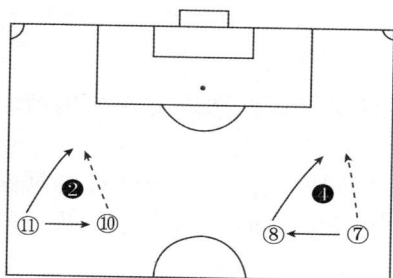

斜传直插二过一配合图

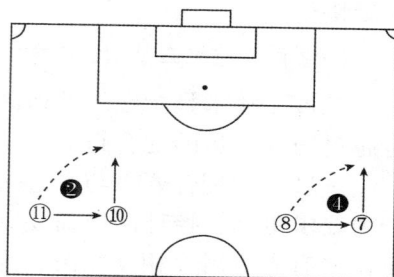

直传斜插二过一配合图

3. 踢墙式二过一配合

4. 回传反切二过一配合

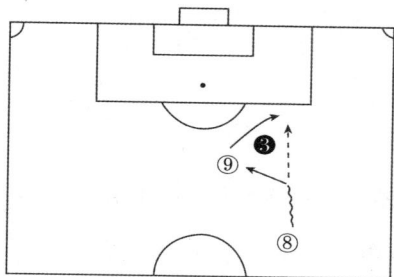

踢墙式二过一配合图

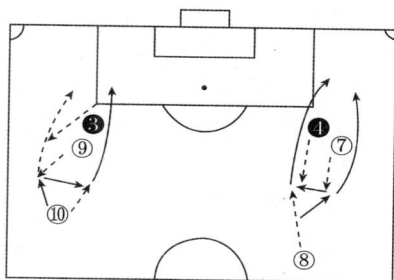

回传反切二过一配合图

二过一战术配合的要求如下：

（1）抓住战机

当局部出现二过一局面时，说明防守方有所松懈，二过一局面的出现非常有利攻方，可以局部区域形成以多打少，所以要抓住这一战机，稍一迟缓，防守队员会立即补位，形成二对二的平衡局面。

（2）避免越位

任何一种二过一配合都要求控球队员传球后迅速插上接应，当防守队员只剩下最后一名时，要注意插上的时机，避免越位。

（3）用力适当

在做二过一配合时，第一传球要用力适当，保证传球准确，便于同伴接球或直接传球。

（4）尽量快速

二过一战术配合第二传是关键，应掌握传球时机、力量、方向，既要考虑同伴的接应，又要考虑防守队员的位置和动向，在可能的情况下尽量快传。

（四）三过二战术配合

三过二战术是指在局部地区 3 名进攻队员通过两次以上连续传球配合越过防守队员的配合行动。

三过二的配合要求与二过一配合基本相同，但是对控球队员的观察能力要求更高，控球队员需要观察的范围更大。同时，两个接应队员的跑位要有先有后、相互默契、配合连贯。

三过二配合通常被称为三角传球。根据第一传球的方向可分为前三角配合、后三角配合和侧三角配合。

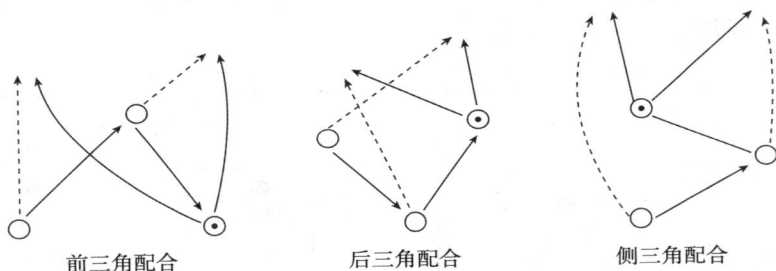

前三角配合　　　　　后三角配合　　　　　侧三角配合

三过二配合图

九、整体进攻战术

整体进攻战术是指为完成进攻任务所采用的全局性的进攻配合方法。

一次完整的整体进攻由发动（开始）阶段、发展阶段和结束阶段构成。

发动阶段（开始阶段）：当一支球队获得控球权即进入了发动阶段，一般指在本方半场开始的进攻。开始进攻的方式有两种：一种是快速攻击，另一种是逐步推进。当获得控球时，对方未能及时进行攻守转换，防守队员未能完全回到防守位置时，应采用快速攻击的进攻配合。在现代足球中，快速攻击的配合是得分的重要手段。当获得控球权时，如果对方退守较快或后防较稳固时，则应采取逐步推进的配合方式，放慢进攻节奏，寻找对方的弱点进行攻击。

发展阶段：一般指中场附近到对方罚球区附近的进攻。在发展阶段最强调的是控球权，控球权一旦丢失，就意味着进攻的结束。在全攻全守的足球比赛中，由于在发展阶段所有队员都已完全由防守状态转变成为了进攻状态，所以，在这时丢失控球权往往会使全队造成很大的被动。因此，在发展阶段要把握好进攻的节奏，有良好的进攻机会就快，没有良机就放慢进攻的速度，牢牢地控制住球。

结束阶段：一般指在对方球门前方 30 米左右的进攻。在这一阶段，防守人数较多，拼抢激烈，因此进攻中要有冒险精神。所谓的冒险就是只要在时间、空间上有一定的可能，就要敢于运球突破、敢于配合切入、敢于抢点、敢于射门，只有这样才能对对方防守造成威胁。不能要求这一阶段的传球、运球、射门都必须有把握取得成功。

在足球比赛中，不是每次进攻都包括发动、发展、结束三个阶段，有时只有其中的一个或两个阶段。

全队进攻战术参与的人数较多，具体配合千变万化，但根据进攻发展的区域可分为边路进攻和中路进攻两大类。

（一）边路进攻

边路进攻是指在对方两侧地区发展的进攻。边路进攻的特点是充分利用场地的宽度，拉开对方的防线，并且利用边路防守人数相对较少、空当较大的特点，突破对方的防线。但是，边路进攻直接射门的机会较少，所以威胁也相对较小。

在边路进攻中，最常用的战术配合是边路突破和传中。边路突破的方式常用的是：运球突破、二过一配合突破、交叉换位配合突破、插上套边配合突破。传中常用的方式有：外围传中、下底传中和下底回扣传中。

（二）中路进攻

中路进攻是指在对方中场中路发展与结束的进攻。中路进攻的特点是进攻投入的人数多、射门角度大、得分机会多。中路进攻常用的配合方式有：运球突破、短传渗透和头球摆渡配合。一般情况下，在对方前场 30 米附近，一旦在中路夺得控球权，就应大胆地运球突破争取获得射门机会。而在自己中后场夺得控球权，则可以连续地运用短传配合，逐步向前推进，最终形成突破射门。但是，中路一般防守队员密集，突破难度大，所以在中路进行短传渗透时需要队员具有较好的个人技术和良好的进攻意识。头球摆渡配合大多都是后卫通过长传直接将球传到前锋所在的位置，利用前锋的身高优势进行抢点形成射门机会或者为同伴创造射门机会。这种进攻方式由于不通过中场，所以在进攻上具有较快和较大隐蔽性的优点，但是，头球摆渡配合要求传球落点要准确、合理；争顶队员要适时到位，争顶要有力；插点、包抄的同伴接应要及时；这些环节要配合得丝丝相扣，不能有一点儿失误。因此，也使得头球摆渡配合的成功率相对较低。

十、防守战术

（一）个人防守战术

1. 回位跑

回位跑是指在比赛过程中本方球权丧失后，队员积极回跑至防守位置的战术。

（1）战术方法

由攻转守时，本方进攻队员要迅速回位，担负防守责任。回位时要注意观察对方进攻的人员位置、球的位置以及球门的位置。队员应就近及时防守，以减缓对方的进攻，为全队防守争取时间。

（2）友情提示

A. 把握回位跑的时机。由攻转守的瞬间，丢球队员和邻近球的队员应积极防守，阻断或者延缓对方的推进速度，同时要注意边防边退。其他球员应迅速回防到自己的防守区域，并做好补位的准备。

B. 确定回位跑的路线。足球比赛中，速度是决定比赛胜败的重要因素。由于球员在场上的位置不同，担负的职责也不尽相同，因此，他们回位跑的路线也就不一样。回位跑时，应选择最短的距离，以最快的速度回防，形成防守优势。

C. 保持回位跑的队形。首先，队员要明确自己在场上的位置，确定好回位跑的距离。保持好原来的比赛阵型。其次，加强后卫线、中场和前锋线之间的联系。

2. 选位

选位是指防守队员在防守时选择占据合理防守位置的行动。

（1）战术方法

选位应在本方失球后快速回位，并站在对手与本方球门中心所构成的连接线上，随时观察对手和球的位置。与对手的距离要根据场区以及球所处的位置来决定。

（2）练习方法

A. 结合位置的诱导性有球练习。在半场内全队按比赛阵型分别站好各个位置，一个人做多方向控制运球，各位置随球方向的变化做选位练习。

B. 诱导性有球练习。在离球门 16～20 米距离内进攻队员做横运球，防守队员练习选位。

（3）友情提示

A. 选位时要注意进攻队员所处的位置和重点区域内进攻队员的分布，还要弄清持球队员的位置和球门的距离。

B. 球员的选位要随机应变，根据场上的形势变化，机动地交换防守任务，做好保护准备。

3. 盯人

盯人是指防守队员限制进攻队员进攻所采取的行动。

（1）战术方法

盯人分紧逼盯人和松动盯人两种。

紧逼盯人时，要做到向前可以抢断球，或不给对手处理球的机会，向后能抢先于对手得球或破坏对手接球；松动盯人时，要做到既能弥补邻近同伴的位置，又能防守对方向背后传球和对手切入背后。

（2）练习方法

A. 无球结合球门的练习。两人一组，面对面站立，相距 2 米左右，一攻一守，进攻队员做摆脱跑动，防守队员做选位盯人练习。

B. 一对一盯人练习。在半场内两人一组，进攻队员向球门做变向与变速运球，防守队员进行盯人练习。

C. 练习在半场内进行。5 名防守队员，1 名守门员和 4 名进攻队员。开始时，每一个进攻队员都在防守队员的盯防下，然后，进攻队员利用个人技术突破、传球和跑位，尽量制造活动空间，破门得分。防守队员则练习对有球队员盯防，尤其对穿插球员的防守，培养防守队员的补位意识。

（3）友情提示

A. 盯防时要注意对重点区域的防守。防守者之间合理分配防守任务，盯人者要紧逼对手，其他球员要做好保护与补位的准备。

B. 加强对前插的无球队员的盯防。防守队员要准确地对无球跑动队员的意图做出判断，始终使对手处于自己的防守区域内。

4. 抢断

抢断是指将对方的传球截下来或破坏掉的战术行为。断球是转守为攻中最主动、最有效的战术行动。抢断是重要的个人防守技术，是个人防守能力的重要标志。

（1）战术方法

抢断时，身体重心落于两腿之间，与球和持球队员保持好距离，一般在2～3米之间。准确预测持球队员的意图和球的运行路线，先于对方传球前快速封堵球的运行路线，将球断下。

（2）练习方法

A. 一对一抢断练习。在半场内两人一组，进攻队员向球门做变向与变速运球，防守队员进行抢断练习。抢断后，两者角色交换。

B. 断球练习。每三人一组，两名进攻队员，一名防守队员。练习时，两名进攻队员相互传递球，防守队员把握好时机将球断下。

（3）友情提示

A. 抢断时应把握恰当的时机。要先于对方传球前快速封堵球的运行路线，将球断下。

B. 抢断时要做出合理的判断。首先，要准确判断持球队员的意图，其次要对球的运行路线做出预判。

C. 抢断失败后，要积极回抢。

D. 抢断成功后，要抓住时机，积极地发动反击。

（二）局部防守战术

局部防守战术是指两个或几个防守队员之间的配合方法，它是集体配合的基础。基本的配合形式有：保护和补位。

1. 保护

保护是指同伴紧逼控球对手时，自己选择有利位置来保护同伴，防止对手突破。

（1）战术方法

在防守中，防守队员之间必须相互保护，要根据球在场区的位置和当时的攻防局面来选择保护的距离和角度。如对方有策应队员，保护队员也应对策应队员施加压力。

A. 当控球队员被同伴逼向外线，内线已被同伴封堵时，应撤到同伴的斜后方保护同伴。一名防守队员逼抢进攻队员时，另一名防守队员选择有利的位置加以保护。

B. 当控球队员向内线运球时，应选择侧后方的位置。

C. 如果不能判断控球队员被逼向内线还是外线时，保护队员应选择与紧逼队员呈45度角的有利位置站位。

（2）友情提示

A. 保护队员要给予对方策应队员足够的防守压力。

B. 保护的球员只是对防守持球队员给予了保护，忽视了对重点区域的保护。

C. 防守球员进行保护时，要加强对重要区域对方策应球员的盯防。

2. 补位

补位是指防守队员弥补同伴在防守中出现的漏洞时所采取的互相协助的战术配合行动。

（1）战术方法

补位有两种形式：

A. 补空位：当后卫线队员插上进攻退守不及时时，其他同伴暂时补他的位置，以防对方利用这一空当快速反击。

B. 邻近队员相互补位：当防守队员被进攻队员运球突破或进攻队员突然快速插入到防守队员背后时，同伴来不及盯防，邻近队员应及时补位。

（2）练习方法

二对三攻守练习。在 10 米 ×20 米的场地上，当进攻者突破一名防守者时，临近的两名防守者之间进行补位练习。

（3）友情提示

A. 防守队员被突破后应及时回追，或者在队友补防的情况下，要积极地协助其防守或者退守到重要区域。

B. 补位时，应遵循就近原则，在第一时间内阻击对方的进攻。

3. 局部防守战术配合练习

局部防守战术是防守队员之间相互配合的一种防守方法，它是整体配合战术的重要组成部分，局部防守战术的质量对全队防守的成败具有直接的影响。局部防守战术配合有局部攻防人数相等配合、局部以多防少配合和局部以少防多配合三种。局部配合的关键在于，要以最快的速度在防守区域内形成尽量大的防守优势。在不能形成防守人数的优势时，防守队员要加强对持球队员以及对本方球门威胁最大的球员进行重点盯防。

（1）局部攻防人数相等配合

3 对 3 防守练习，即 3 名防守队员，3 名进攻队员。在 15 米 ×20 米的区域内练习，3 名防守队员紧逼进攻队员，防守时要重点封锁进攻队员的传球路线，加强对无球队员盯防。此外，防守无球队员的人要注意对防守持球队员的保护，防止其被突破。

（2）局部以多防少互相配合

4 对 3 防守练习，即 4 名防守队员，3 名进攻队员，在 15 米 × 25 米的区域内练习，3 名防守队员要紧逼进攻队员，自由人要根据场上形势的变化，合理地选位、补位。可以加强对持球队员的防守，逼迫其失误，或者加强对重点区域的保护，封堵持球队员，伺机将球断下。

（3）局部以少防多互相配合

3 对 4 防守练习，即 3 名防守队员，4 名进攻队员，在 15 米 × 25 米的区域内练习。3 名防守队员要有选择地紧逼进攻队员。防守时，要选择对本方威胁最大的球员予以盯防，同时注意观察另外一名球员的位置和跑动路线的变化，根据不同的情况，及时准确地改变防守重心。

（三）整体防守战术

整体防守战术是指全队所采取的防守战术方法。

整体防守战术主要有：盯人防守、区域防守和综合防守三种。

1. 盯人防守

盯人防守是指进攻队员跑到哪个位置，防守队员就盯防到哪个位置。盯人防守分为全场盯人和半场盯人。这种防守方法是对口盯人，分工明确，但体力消耗大，一旦被突破，很难补位，使整个防线出现很大漏洞。因此，在比赛中，单纯采用人盯人防守方法是不合理的。

2. 区域防守

当由攻转守时，根据场上位置的分布，每个防守队员负责防守一定的区域，当对方队员跑到本区域时，就负责盯防，离开这个区域，就不再跟踪盯防。这种战术较为省力，但是，对方可以任意交叉换位，容易造成局部以少防多的被动局面。因此，目前在比赛中已很少采用这种防守方法。

3. 综合防守

综合防守是指盯人防守与区域防守相结合的防守方法。综合防守是目前在比赛中普遍采用的一种防守方法，它集中了盯人防守和区域防守的优点。在防守中要求防守队员根据场上情况实施逼抢、盯人、保护与补位，以达到防守的目的。

PART 8 裁判员和巡边员

裁判员

一、裁判员的职责和权利

每场比赛应委派一名裁判员执行裁判任务。在他进入比赛场地时，即开始行使规则赋予他的职权。在比赛暂停或比赛成死球时出现的犯规，裁判员均有判罚权。裁判员在比赛进行中，根据比赛实际情况，诸如比赛结果等所作的判决，应为最后判决。他应当：

（1）执行规则。

（2）避免作出对犯规队有利的判罚。

（3）记录比赛成绩和比赛时间，使比赛赛足规定的时间或双方同意的时间，并补足由于偶然事故或其他原因所损耗的时间。

（4）因违反规则、遇风雨、观众或外界人员干扰及其他原因妨碍比赛进行时，裁判员有权暂停、推迟或终止比赛。

（5）裁判员从进入比赛场地起，对犯有不端和不正当行为的队员应给予警告并出示黄牌。

（6）除参加比赛的队员及巡边员外，未经裁判员允许，任何人不得进入比赛场地。

（7）如裁判员认为队员受伤严重时，应立即停止比赛，须将受伤队员尽可能迅速地移至场外，并立即恢复比赛。如队员受轻伤，则比赛不应在成死球前停止。凡队员能自己走到边线或球门线接受任何护理者，不得在场内护理。

（8）裁判员对于场上队员的暴力行为、严重犯规、使用污言秽语或辱骂性语言，以及经警告后仍犯有不正当行为者，应罚令出场并出示红牌。

（9）在每次比赛暂停后，以信号指示恢复比赛。

（10）审定比赛用球是否符合要求。

二、裁判员的哨声、手势

（一）裁判员的哨声

为使双方尽快继续进入比赛，一般情况下裁判员可不鸣哨。但下列五种情况必须鸣哨：

（1）开始比赛。

（2）停止比赛。

（3）进一球。

（4）执行罚球点球。

（5）比赛时间终了。

裁判员的鸣哨方法：

（1）开始比赛——长音较响。

（2）重犯规或危险动作——有力洪亮。

（3）一般犯规——短促响亮。

（4）进球——长音响亮。

（5）有争议——短音连续。

（6）上、下半场结束——先短后长。

（二）裁判员的手势

（1）直接任意球——单臂前或侧平举，指向罚球方向。

（2）间接任意球——单臂上举。

判员直接任意球手势图　　　　间接任意球手势图

（3）角球——单臂斜上举，指向角球区。

角球手势图

（4）罚球点球——单臂指向罚球点。

罚球点球手势图

（5）球门球——单臂平举指向球门区。

球门球手势图

（6）警告或罚令出场——手持黄牌或红牌面向犯规队员单臂上举。

（7）继续比赛——两臂侧斜下方展开向前连续挥动。

警告或罚令出场手势图　　　　　　　　继续比赛手势图

巡边员

一、巡边员的职责和权利

每场比赛应委派两名巡边员，他们的职责（由裁判员决定）应为示意：

（1）何时球出界成死球。

（2）应由哪一队踢角球、球门球或掷界外球。

（3）当要求替补时。

他们还应协助裁判员按照规则控制比赛。巡边员如有不正当行为或不适当地干扰比赛，裁判员则应免除其职务并指派他人代替（裁判员应将此情况上报主办机构）。巡边员使用的手旗，应由比赛场地所属的俱乐部提供。

二、巡边员的旗示

（1）界外球——持旗向发球方向斜上举。

（2）角球——不论远端或近端角球，均持旗斜下举指向近端角球区。

巡边员界外球的旗示图

巡边员角球的旗示图

（3）球门球——持旗平举指向球门区。

（4）越位——持旗上举，表示越位。

巡边员球门球的旗示图

边员越位的旗示图

当裁判员鸣哨停止比赛时，再指向越位地点。

①远端越位——持旗斜上举。

②中间越位——持旗平举。

巡边员远端越位的旗示图

巡边员中间越位的旗示图

③近端越位——持旗斜下举。

④替换队员——两手持横旗，两臂前上举，将旗展开。

巡边员近端越位的旗示图

边员替换队员的旗示图

PART 9 风格流派

现代足球发展至今，形成了众多地域流派。意大利式的防守反击、英格兰式的高举高打、荷兰式的全攻全守、巴西式的桑巴舞步，抑或曼联阵地进攻水银泻地，又有巴萨阿森纳等传切配合行云流水……无论哪一种流派都凝结了数十年来众多足球理论家和运动员的大量心血，形成了一个近似相生相克的足球风格体系。现在各位知名教练员们都有着各自的特征去维护着某一派系，比如提到弗格森就会想到大开大阖的进攻，提到埃里克森就会想到他的保守用事等等。

目前，足球行家趋向于流派划分为三类，即欧洲派、南美派和欧洲拉丁派。其理论依据是：流派是一个集合概念，是若干国家某种打法风格的粗略反映。流派形成的过程主要受传统文化、地理环境、社会观念、身体条件和主观追求等方面因素的影响。所有这些因素，是流派正确形成和发展的必要条件，这三种流派在技战术、身体、心理方面各有优势。

欧洲流派

欧洲流派的球队，打法简练，整体意识强，球员大多具有强健高大的体格、极强的爆发力和速度，全队作风顽强，打法凶猛，属于实用性的打法。英国、德国都属这一流派。在技术上，讲求时机与实效。他们的运、控球动作简捷，多采用一次性出球并以中长传配合见多，运射频繁有力，头球争夺能力强，抢截凶狠；战术上，打法较为简练，整体意识强，气势逼人，充分运用中长传球快速通过中场，直接威胁球门并不失时机地争抢射门，前场进攻多以远射、头球、外围传中和包抄冲门为主。防守上多采用区域盯人与人盯人混合运用，逼抢勇猛凶狠；身体上，最典型的特点是有不间歇奔跑的体力，其次是具有强健高大的体格、爆发力量和速度；心理上，充满自信心，情绪高昂，勇于冒险，作风泼辣，意识顽强，尤能适应快速、凶猛打法的竞争环境。

你可以说德国队战术单调、缺乏变化，但你绝对不能忽视他的整体实力，一场比赛十多次的凶狠铲断，无论对于哪个球队都是一种强大的压力。作为现代足球的鼻祖，英格兰的足球风格原始而纯粹，身体和力量成为主导比赛的主要因素。如今的英格兰已经发生了一些变化，更注重技术，脚法细腻，战术性强，具有观赏性，不乏实用性。

南美流派

巴西、阿根廷一直是南美的典型代表，其主要特点是：技术上，脚下功底深，动作细腻，灵活娴熟，并有良好的控球能力。善于在激烈的拼抢中以巧妙地摆脱和个人的运球突破对方，创造局部人数优势，造成以多打少。抢阻注重于稳妥，特别讲究出击时机和效果。战术上，整体进攻组织严密，以短传推进为主的配合方式快速通过中场，节奏感特别是即兴应变力强。讲求突然性，表现在对方阵地防守中，善于抢点，以突然性进攻渗透防守，以不失时机地突然远射、冷射威胁球门。防守上追求集体作战，注重同伴间的保护与补位。身体上，具有与技术动作协调一致的灵活素质，同时，空间甚小的逼抢环境中，常常善于以灵活的身姿突破重围。此外，完成动作的爆发性力量和起动速度也十分突出。心理上，自信沉着，作风顽强，情绪稳定，思维灵活，具有适应现代足球凶抢的果敢品质。

不仅气候与地理条件影响足球技术风格的形成，国家的民族性格以及社会文化也是影响足球风格的重要因素。虽然阿根廷与巴西同属于南美足球流派，但是他们的特点也不尽相同。巴西追求自由的民族文化造就了巴西人出众的盘带技术，重视个人发挥，从罗马里奥到德尼尔森，再到"3R"组合，桑巴足球得到了完美的演绎。与自由的桑巴足球不同，阿根廷将足球的灵动、精致用一种浪漫的方式表现出来。探戈刚劲挺拔、潇洒豪放的风格特点，享有"舞中之王"的美称。可以说，探戈的风格特点影响了阿根廷强调集体的足球风格。

欧洲拉丁派

　　与位于西北欧的英德不同，以意大利、西班牙、法国、葡萄牙为代表的中欧国家形成了特点鲜明的另一门派。

　　欧洲和南美派两大流派的风格特点，各有其令人着迷之处。就近些年来足球发展的状况看，两大流派在各取对方之长，以丰富自身的风格特色。在这种追逐中，欧洲拉丁派便应运而生了。

　　欧洲拉丁派是指欧洲与南美流派高度融合的一种派别，兼有两派的神韵。技术上融合南美的娴熟、精巧、细腻与多变为一体；而在战术配合上，则更推崇欧洲的快速、简练和实效。意、西、法、葡四国的语言均属于拉丁语系，故得此名。法国和意大利吸收了大批的南美球员来国内联赛踢球，被认为最具欧洲拉丁派精髓。意大利拥有世界上最稳固的后防线，蓝衣军团正是凭借这一看家本领在四届世界杯中登顶成功。现在的蓝衣军团除了防守之外，还更加注重进攻，这支意大利队是难得的观赏性十足的攻击型队。

　　目前，世界足球联赛的发展对欧洲拉丁派的形成和发展起到了至关重要的作用。随着现代足球的商业化和职业化发展，职业足球联赛的质量越来越受到关注。为了促进本国职业联赛的发展，各国联赛组织者积极引进国外球员以及教练员。正是在这种形势的推动下，形成了欧洲五大联赛。其中，欧洲拉丁派国家的联赛就占了其中的三个——意大利足球甲级联赛、西班牙足球甲级联赛、法国足球甲级联赛。这彰示着欧洲拉丁派极强的生命力。

PART 10 赛事组织

世界重大足球赛事

世界性的足球赛事包括：世界杯、奥运会。

洲际性的足球赛事包括：欧洲杯、欧洲冠军杯、欧洲联盟杯、南美解放者杯、美洲杯，以前还有欧洲优胜者杯、丰田杯等。联赛性质的足球赛事包括：意甲、英超、西甲、德甲、法甲等。

一、世界杯足球赛

世界杯足球赛与奥运会、F1 并称全球顶级三大赛事。

世界杯足球赛最初叫世界足球锦标赛，首届世界杯足球锦标赛于 1930 年在乌拉圭举行，之后每四年举办一届，其中 1942 年和 1946 年因世界大战而中断。其创始人是国际足联（FIFA）第三任主席朱尔·里梅·雷米特。1946 年 7 月 1 日，巴黎国际足联全体代表大会为纪念这位为该比赛作出卓越贡献的法国人把这个比赛称为雷米特杯或世界杯。

世界杯足球赛是由国际足联组织的规模最大、水平最高的足球比赛，属于全世界最高级别的国家级赛事，是世界上最受欢迎的体育赛事之一。除了主办国外，参加世界杯赛的国家必须是国际足联下属的成员国，每国可报名派一个队参加，队员不论是职业运动员还是业余运动员均可参赛；比赛分预选赛和决赛两个阶段，参加决赛阶段比赛的队原为 16 支，1982 年增加到 24 支，1988 年法国世界杯开始，参加决赛阶段比赛的球队增加到 32 支。

比赛奖杯原为"雷米特杯"，该奖杯于 1970 年被三次夺得世界冠军的巴西队永久占有。为此国际足联在 1974 年开始启用新杯——大力神杯，命名为"国际足联世界杯"，此杯为永久流动杯，取消永久占有的规定。

世界杯足球赛自 1930 年到现在已举办了 19 届，获得过冠军的有 8 个国家，巴西 5 次，意大利 4 次，德国 3 次，乌拉圭 2 次，阿根廷 2 次，英国 1 次，法国 1 次，西班牙 1 次。

二、世界女子足球锦标赛

1986 年在墨西哥城召开的国际足联第 45 届代表大会上，挪威代表埃伦·威尔士女士代表挪威代表团在大会上发言，建议国际足联尊重世界女足的发展状况，并应该对女子足球运动给予大力的指导与支持。经过大会辩论之后，国际足联主席阿维兰热表示支持埃伦·威尔士女士的提议，同时建议国际足联发展委员会对增设女子足球世界性比赛的可能性进行调查。

1988 年 6 月在中国广东成功地举行了有 12 个国家参加的国际女子足球邀请赛，为正式举行世界女子足球锦标赛奠定了基础。1991 年第一届世界女子足球锦标赛在中国广东正式举行。该项比赛同男子世界足球锦标赛一样，每四年举行一届，进入决赛的 12 支球队必须由各大洲预选赛产生。参加决赛阶段比赛的名额分配是：欧洲 5 席，亚洲 2 席，南美 1 席，北美及加勒比海地区 1 席，非洲 1 席，大洋洲 1 席，加东道主。迄今为止，女足世界杯共举办了六届。

三、奥运会足球赛

从 1896 年第 1 届现代奥运会举办以来，奥运会足球比赛就沿用古希腊奥运会的举办规定，每四年一届。除 1916 年、1940 年、1944 年因第一次和第二次世界大战未举行奥运会外，只有 1932 年洛杉矶奥运会上没有足球比赛项目。奥运会足球比赛的最高水平是在 1930 年以前，因为当时世界杯足球赛还没有举行，只有奥运会足球比赛是世界性的足球比赛。

尽管 1896 年就举办了第 1 届现代奥运会，但是在前四届上的足球比赛属于表演性质的比赛。此外，在前三届比赛中，参加比赛的球队没有统一的规定，有的是城市球队，有的是一个国家派出两个球队，而且并不是国家队。到第 4 届比赛时，按照英格兰足协的规定进行比赛，参加比赛的均是国家队，所以通常将 1908 年看作奥林匹克足球诞生年。但是，足球比赛被正式列为奥运会的比赛项目是在 1912 年的第 5 届奥运会上。1924 年第 8 届奥运会，南美洲首次派队参加了奥运会足球比赛，从此拉开了欧洲与南美洲两大流派在世界足坛上较量的序幕。而到 1930 年，由于允许职业选手参加的世界杯足球赛的举行，奥运会足球赛的统治地位便让位于世界杯足球比赛。

从足球正式列入奥运会比赛项目后，奥运会足球比赛每个国家只允许派一个队。而奥运会足球比赛中的运动员资格几经变化，最早规定：参加奥运会比赛的运动员必须是业余选手。到 1960 年第 17 届时，国际奥委会规定：凡参加过世界杯比赛的足球队员不得参加奥运会足球比赛；1972 年第 20 届时，国际奥委会决定停止执行关于参加过世界杯比赛的队员不得参加奥运会足球比赛的规定；1978 年国际足联代表大会规定，欧洲和南美洲参加过世界杯足球比赛（包括预选赛和决赛）的足球运动员不得参加奥运会；1983 年国际奥委会和国际足联主席会议再次重申，禁止所有职业队员或虽不是职业队员但参加了世界杯足球赛的队员参加 1984 年第 23 届奥运会足球比赛；1984 年 4 月国际足联主席阿维兰热宣布，除不准欧洲和南美洲参加过世界杯足球比赛的队员参加奥运会的限制外，今后不再区分职业和业余队员，但奥运会足球比赛将对参赛队员的年龄加以限制。1993 年国际足联执委会决定，允许每个参加奥运会足球决赛的队有 3 名年龄超过 23 岁的队员。这一规定标志着奥运会足球比赛将成为年轻的职业选手的竞技舞台，成为检阅各国足球后备力量的演兵场。

1996 年第 26 届奥运会女子足球比赛首次成为奥运会正式比赛项目，参加决赛阶段比赛的有 8 支球队。

四、世界青年足球锦标赛

国际足联世界青年足球锦标赛（英文：FIFA World Youth Championship），是由国际足联举办的国际性的 20 岁以下男子青年足球锦标赛，简称为"世青赛"或"世青杯"，是世界最高水平的青年足球赛，其规模仅次于世界杯足球赛，是国际足联的第二大最重要比赛。

为了培养新秀和使足球不发达国家有更多的参赛机会，1975 年在国际足联主席若奥·阿维兰热的提议和促成下，国际足联决定每两年举办一次世界青年锦标赛。首届世青赛于 1977 年在突尼斯举行，苏联青年队获得冠军，此后的每个奇数年份，都会举行这项比赛。国际足联所属会员协会均可报名参加，经过预选赛进入决赛阶段比赛的共 16 支队伍，即欧洲 6 支，南美洲 3 支，亚洲、非洲和中北美洲各 2 支，加上东道主共 16 支队伍参赛。各洲青年足球锦标赛即为预选赛。

最初的两届比赛叫世界青年足球赛，为试办性质，都获得了成功。1981 年在澳大利亚举办的第三届世界青年足球赛得到国际足联的正式承认，国际足联公开招标，最终与美国可口可乐公司达成协议，所以比赛被命名为可口可乐杯世界青年足球锦标赛。第三届世界青年足球赛，又叫第一届世界青年足球锦标赛。

1996 年 8 月，国际足联决定从 1997 年第十一届世青赛开始，决赛球队由 16 支增加到 24 支，名额分配为欧洲 6 支，南美洲、亚洲、非洲和中北美洲各 4 支，大洋洲 1 支，再加上东道主 1 支。

2002 年，世界女子青年足球锦标赛也拉开了帷幕，年龄限定在 19 岁以下。2006 年，女子世青赛的年龄限制为 20 岁以下。

五、17 岁以下世界青年足球锦标赛

为了进一步推动世界足球运动的向前发展，缩小足球运动发达国家和不发达国家间的运动水平差距，国际足联主席阿维兰热倡议建立一个系列的世界性比赛，即世界杯、23 岁以下奥运会足球比赛、20 岁以下世界青年锦标赛、17 岁以下世界足球锦标赛。为此 1985 年在中国试举办了首届世界青年（当时规定为 16 岁以下）足球锦标赛。此次比赛获得圆满成功。后又经过 1987 年和 1989 年两届的进一步试行，1991 年正式成为国际足联的世界青年 17 岁以下锦标赛。在该锦标赛的前 3 届，参加比赛的队员年龄规定是在 16 岁以下，1991 年改为 17 岁以下。目前该比赛的全称是"国际足联 17 岁以下柯达杯世界锦标赛"。每两年举行一次。

参加决赛阶段比赛的名额分配：大洋洲 1 个队，欧洲、南美洲、亚洲、非洲、中北美和加勒比海赛区各 3 个队。

六、欧洲杯足球赛

欧洲杯足球赛有小世界杯之称，是世界上最著名的足球赛事之一，是一项由欧洲足协成员国间参加的最高级别的国家级足球赛事。

欧洲足球锦标赛（欧洲杯）从 1960 年开始四年一届。1953 年，国际足联在巴黎举行的特别代表大会上批准举办欧洲联赛，1954 年 6 月 15 日，欧足联成立。1955 年，开始举办欧洲冠军俱乐部杯联赛。1956 年，开始筹备举行由欧洲各国国家队参加的比赛。两年后，第一届欧洲国家杯（欧洲杯前身）资格赛开始举行。

1960 年，第一届欧洲国家杯决赛阶段比赛在法国举行，共有 16 支代表队参加。决赛最后在苏联队和南斯拉夫队之间进行，双方 90 分钟内打成 1 比 1 平，最后进入加时赛，苏联队最终凭借终场前 7 分钟的进球，以 2 比 1 险胜南斯拉夫队，夺得冠军。著名球星勒夫一雅辛因本届比赛而声名大振。

1964 年，第二届欧洲国家杯决赛阶段比赛在西班牙举行。最后决赛在东道主西班牙队和卫冕冠军苏联队之间举行。在主场 79115 名观众的大力支持下，西班牙队最后以 2 比 1 的比分夺取冠军奖杯。

1968 年，欧洲国家杯正式更名为欧洲足球锦标赛（欧洲杯）。有 31 个国家参加了资格赛。决赛阶段比赛在意大利举行。本届比赛首次实施种子队制度，参加决赛阶段比赛的队伍共分为 8 个组，每组安排一个种子队，小组前两名进入八分之一决赛。小组赛中，阿尔巴尼亚队大爆冷门，通过加时赛将夺冠热门联邦德国队淘汰。决赛在南斯拉夫队和东道主意大利队之间进行，意大利队最后以 2 比 0 获胜。

1972 年，第四届欧洲杯决赛阶段比赛在比利时举行。决赛在联邦德国队和苏联队之间进行，联邦德国队最后以 3 比 0 大胜苏联队夺冠。两年后，这支队伍又夺得了世界冠军。

1976 年，第五届欧洲杯决赛阶段比赛在南斯拉夫举行。决赛在捷克斯洛伐克队和联邦德国队之间进行，捷克斯洛伐克队最终以 7 比 5 力克对手，举起了冠军奖杯。

1980 年，第六届欧洲杯决赛阶段比赛再次在意大利举行。本届比赛的规程有所变化，规定经过小组赛后，8 支队伍进入下一轮，然后分成两个小组捉对厮杀，每组的第一名将自动获得决赛权。冠军决战在联邦德国和比利时两队之间进行，德国人成为最后的赢家。

1984 年，第七届欧洲杯决赛阶段比赛在法国举行。东道主法国队在天才球星普拉蒂尼的率领下一路高歌猛进，并在决赛中以 2 比 0 干净利索地击败西班牙队，夺得冠军。

1988 年，第八届欧洲杯决赛阶段比赛在联邦德国举行，拥有古力特和范一巴斯滕等足球天才的荷兰队一路势不可当，他们在决赛中击败苏联队后第一次举起了冠军奖杯。

1992 年，第九届欧洲杯决赛阶段比赛在瑞典举行。因南斯拉夫队退出而获得比赛资格的丹麦队出人意料地杀入决赛，并以 2 比 0 击败德国队夺冠。

1996 年，第十届欧洲杯决赛阶段比赛在英国举行，此前，史无前例地共有 48 个国家参加了资格赛。16 个进入决赛阶段比赛的队伍被分为 4 个小组，小组前两名晋级。决赛首次以"金球"决出胜负，德国队最后凭借比埃尔霍夫的一粒进球第三次夺冠。

2000 年，第十一届欧洲杯决赛阶段比赛由荷兰和比利时联合承办。世界冠军法国队在决赛中凭借一粒"金球"获得冠军，成为首支获得世界杯后又再次获得欧洲杯冠军的球队。

2004 年，第十二届欧洲杯决赛阶段比赛由葡萄牙承办。由黄金一代领衔的东道主葡萄牙队在决赛中一球不敌本届杯赛大黑马希腊队，饮恨而归。希腊队惊人地首夺冠军。

2008 年第十三届欧洲杯决赛阶段比赛由瑞士和奥地利联合承办。冠军决赛在西班牙队与德国队之间进行，最终西班牙 1 比 0 战胜德国，"金童"托雷斯打入唯一进球，时隔 44 年西班牙人第二次夺得欧洲杯冠军。

2012 年，第十四届欧洲足球锦标赛由波兰和乌克兰联合承办。决赛在基辅奥林匹克球场打响，卫冕冠军西班牙 4 比 0 完胜意大利，追平德国 3 次夺冠的纪录，也成为首支蝉联欧洲杯的球队和首支连夺 3 届大赛冠军的球队。

2016 年，第十五届欧洲足球锦标赛将由法国承办，决赛阶段比赛球队总数将史无前例的增加至 24 支。

七、欧洲冠军联赛

欧洲冠军联赛（英语：UEFA Champions League），简称冠军杯、欧冠，是欧洲足联主办的年度足球比赛，代表欧洲俱乐部足球最高荣誉和水平，常被誉为全世界最高素质，最具影响力以及最高水平的俱乐部级赛事，亦是世界上奖金最高的足球赛事和体育赛事之一，估计每届赛事约有超过十亿电视观众通过人造卫星观看赛事。

欧冠联赛的赛程分成三轮资格赛，一轮附加赛，小组赛和四轮淘汰赛。

资格赛

包括三轮资格赛和附加赛阶段，球队每轮都会与对手进行主客场两场比赛。进球数更多的球队获得晋级下一轮的资格，如果打平，则会用客场进球的数量多少，然后是点球大战来决定晋级资格的归属。

小组赛

10 支附加赛的赢家——其中 5 支来自于冠军途径，另外 5 只来自于排名途径——将会和 22 支自动晋级的队伍一起，组成有 32 支球队参加的小组赛。他们会分成 8 个小组，每组 4 支球队，每支球队都会与同小组的其他三个对手分别进行主客两场较量，时间则是在每年的 9 月至 12 月，最后将会有两支球队脱颖而出，晋级第一轮淘汰赛。每个小组的第三名则会进入欧洲联赛 32 强。

淘汰赛

从 16 强到半决赛，每支球队都会与每轮的对手进行主客两场比赛，晋级规则与资格赛和附加赛阶段相同。在 16 强阶段，各小组的冠军和亚军不会相遇，而且来自同一个国家的球队也不会进行厮杀，不过，在进入四分之一决赛后，这项规定不再有效。

决赛

决赛采用一场定胜负。

2012 年，切尔西首夺欧洲冠军联赛冠军，但在英格兰超级联赛中排名第六位（联赛首四名才可以参加欧洲冠军杯），因而成为首支规例修改后以卫冕冠军身份参加下届赛事的球队。

2012/13 年决赛日期为 2013 年 5 月 25 日星期六，地点在伦敦的温布利大球场。

凭借罗本的绝杀，拜仁在温布利球场 2 比 1 击败多特蒙德，在德甲内战中笑到了最后捧起了欧冠奖杯，这也宣告了本赛季欧冠联赛正式落下帷幕，欧足联随后也公布了本赛季欧冠的各个奖项，最佳球队无疑属于冠军拜仁慕尼黑，最佳教练被多特蒙德主帅克洛普捧走，梅克斯的惊世倒钩拿到了最佳进球。

八、欧洲著名的足球五大联赛

欧洲著名的足球五大联赛包括：英超（英格兰超级足球联赛）、意甲（意大利）、西甲、德甲、法甲。

各大联赛内部的足球俱乐部云集世界各国优秀的足球运动员、教练员，组成技巧、战术水平都很高的球队进行比赛。英超打法讲求整体快速推进；意甲注重攻守平衡；西甲偏好打进攻足球；而德甲则更喜欢防守为主；法甲比其余四大联赛的技术水平要略低一线。

（一）英格兰足球超级联赛

英格兰足球超级联赛创立于 1992 年 2 月 20 日，从 1992 至 1993 赛季开始，正式取代原先的英格兰足球甲级联赛成为了英格兰足球的最高级别联赛。现时英超联赛已经成为世界上最受欢迎的体育赛事之一，也是收入最高的足球联赛。

英超联赛创立的初衷在于对英格兰足球进行彻底的改革，其背景是令英格兰球迷不愿提及的灰暗的 20 世纪 80 年代。1985 年 5 月 29 日，利物浦同尤文图斯的冠军杯决赛被阴郁沉重的气氛笼罩，39 名球迷在海瑟尔惨案中丧生，欧足联也开始了对英格兰俱乐部禁止参加欧洲赛事的五年禁赛期。1989 年 4 月，谢菲尔德星期三队的主球场希尔斯堡上演了类似的惨剧，96 名球迷在足总杯半决赛利物浦同诺丁汉森林赛前的骚乱中丧生。加上英格兰各级别联赛的球队在财政方面不堪重负，大批球员流失海外，英格兰联赛的形象受到了极大的损害，英国足球彻底陷入了历史的最低谷。为了摆脱困境，英格兰足总决定从本土的联赛入手进行改革，彻底将英格兰足球带出低谷。1991 年 7 月 17 日，《英超联赛创立协议》正式出台，相关的俱乐部在协议上签字，为英超的创立奠定了基础。根据这份具有历史意义的协议，新成立的英超联赛在财政上从英格兰足总的体系中彻底独立出来，有了独立进行商务开发、赞助谈判的权利，而转播权也不再属于英足总，成为了可供英超联赛自己支配出售的权益之一。从后来的情况看，这一革命性的变更为英格兰足球带来了立竿见影的效果，英超联赛也随之逐渐发展为世界上最具商业吸引力的联赛。1992 年 5 月 27 日，英甲联赛球队宣告从英足总国家联赛系统中脱离，英超联赛正式宣告成立。1994 到 1995 赛季，英超联赛将原先英甲的 22 支参赛球队缩减为 20 支，造就了现今的联赛规模。1992 年 8 月 15 日（周六），英超联赛历史上的第一轮比赛鸣哨，迪恩攻入了英超历史上的第一个进球。随着联赛的深入进行，英超俱乐部开始在转播权收益等方面获利，大大缓解了此前的财政危机。英超联赛有限公司将头五个赛季的转播权卖给了天空电视台，获得了 1 亿 9 千万英镑的转播费，而 2001 赛季起三个赛季的转播权更是达成了价值 11 亿英镑的交易，成为了世界上转播权收益最高的联赛之一。随着英超俱乐部财政压力的缓解，各个球队开始有财力引进高水平的外籍球员。克林斯曼、佐拉、维亚利、古利特等第一代英超海外军团开始在联赛的赛场上出现，为英超联赛走向繁荣起到了积极的推进作用。到目前为止，英超联赛中共有 260 名外籍球员在不同的球队效力，成为了联赛中举足轻重的力量。如今的英超联赛已经成为了全球受关注程度最高的联赛，当每轮英超联赛进行时，全世界共有超过 150 个国家可以通过直播或者其他方式看到比赛，全球观众总人数达到了 4 亿 5 千万之多。

（二）西班牙足球甲级联赛

西班牙足球甲级联赛在中国则一般简称为"西甲"，是西班牙最高等级的职业足球联赛，也是欧洲及世界最高水平的职业足球联赛之一。目前西甲有 20 支球队，其皇家马德里和巴塞罗那均属世界上最著名的球队之一。2012 年 5 月 3 日 2011/12 赛季第 20 轮争夺战，皇家马德里 3 比 0 大胜毕尔巴鄂竞技，提前两轮锁定西甲冠军，而巴萨当家球星梅西将自己的单赛季进球纪录提升到 68 球，刷新了尘封近 40 年的世界足坛进球纪录。

西班牙足球甲级联赛成立于 1928 年，是目前欧洲所有联赛中最具欧战竞争力的联赛（共获得过 13 次欧冠奖杯），素有"明星联赛"、"先生联赛"之称，是培养足球先生和金球奖的摇篮。其中皇家马德里是 20 世纪 FIFA 最佳球队，巴塞罗那素有足坛"梦之队"的称号。夺冠次数最多的是皇家马德里，共有 32 次。其次是巴塞罗那，有 22 次。可以说西甲近几年主要是皇家马德里和巴塞罗那两强相争。西甲联赛的球风注重技术与进攻，具有很强的观赏性。按国际足联和欧洲足联的官方积分，西甲多年位于积分榜的首位。西甲在球员和球迷心中有相当大的号召力，世界所有顶级球星都渴望在西甲联赛中效力。

目前西甲有 20 支球队，联赛成绩最差的三队将会降级到乙级联赛，乙级联赛的前三名则晋升到甲级联赛。西甲联赛的积分规则是，双方积分相同时，首先按相互间胜负关系决定排名，胜负关系相同再看净胜球。

（三）意大利足球甲级联赛

意大利足球甲级联赛，简称"意甲"，是意大利最高等级的职业足球联赛，由意大利足球协会管理。意甲参赛球队数量从 2004/2005 赛季开始由 18 队增加至 20 队，以双循环方式比赛，积分榜排名后 3 名的球队将会降级到乙级联赛。其位置由意乙头两名取代，余下的席位则由意乙第 3 名至第 6 名进行附加赛争夺。

意大利足球甲级联赛初始于 1898 年，当时分为各个地区联赛，各个地区冠军以淘汰制附加赛形式决定总冠军，首届冠军由热那亚夺得。

1915~1916赛季组织了全国性的杯赛，冠军由 AC 米兰获得。1916~1919 年，意大利足球联赛由于第一次世界大战而暂停。1929~1930 赛季，意大利组织了首届全国性的职业联赛，即现今的意大利足球甲级联赛，共有 18 支队伍参加赛事。最后国际米兰夺得首届职业足球联赛冠军。1944 年出现了特殊的北方联赛。1945~1946 赛季甲级联赛与乙级联赛合并，并分割为北区和南区，两大区组织了单独的决赛。后再度合并。

意甲一向是世界上水平最高的职业足球联赛之一，其特点为注重防守。20 世纪八九十年代，意甲球星云集，实力强劲的球队众多，一度被公认为是世界第一足球联赛，被誉为"小世界杯"。但进入 21 世纪后，多家俱乐部财政问题爆发，各种因素作用下，意甲在欧洲的地位呈下滑趋势。

2010/2011 赛季意甲联赛官方标志 7 月 1 日在米兰揭晓，这意味着意甲联赛进入了全新的时代，20 家俱乐部脱离原来的意甲意乙联赛体系组建了全新的联盟，虽然名称仍然叫做意甲联赛，但新的联赛完全是一个独立运作的全新品牌。

尤文图斯是历史上夺得意甲联赛冠军最多的球队，尤文图斯一共夺冠了 29 次（有两次因电话门被足协取消），其次为国际米兰和 AC 米兰各 18 次，热那亚 9 次。每夺得十个联赛冠军可以在队徽绣上一颗金星，因此尤文图斯绣有两颗星，AC 米兰和国际米兰各有 1 颗。另外，每夺得十次意大利杯冠军可以在队徽绣上一颗银星，但没有一只球队达到要求。

（四）德国足球甲级联赛

德国足球甲级联赛是欧洲五大联赛之一，联邦德国于 1947~1948 赛季开始组织联赛。1990 年后，分裂 45 年之久的德国终于走向统一，两个足球协会也合二为一，成为德国足球协会。德甲联赛经目前走过了 60 多年的风雨历程。如今球队配额保持在 18 支球队的水准上。其中德甲联赛前 3 名获得冠军联赛小组赛席位，第 4 名获得冠军联赛资格赛席位，第 5、第 6 名获得欧洲联赛席位。

（五）法国足球甲级联赛

法国人浪漫的天性与懒散的作风，有时会给人们带来意想不到的结局。事实上，法国人对足球远没有英国人或意大利人那么狂热与执著。他们大多数只是把它当作一种游戏，一种赏心悦目的周末节目来欣赏。

但即便法国人对足球再漫不经心，也无法否认这个国家在世界足球发展史中的重要贡献。雷米特被喻为世界杯之父，1928年，他组织了在荷兰的国际足联大会。会上正式决定举办世界杯足球赛，并确定第一届世界杯足球赛于1930年在乌拉圭举行。为了纪念这位伟大的设计师和创始人，将第一届世界杯命名为雷米特金杯。另一个对国际足坛有着巨大贡献的是德劳内。在他的策划下，1960年第一届欧洲足球锦标赛（简称欧洲杯）诞生了。此外，法国的《足球世界》一书，每年评选的欧洲足球先生在国际足坛享有盛誉。可以说法国人对世界足球的推动与贡献是巨大的。法国足球运动始于1872年，也是英国人引入的。1894年，举行了首次比赛。当时只有四个队伍参加。1895年，举办了金帽杯赛，有八支队伍参加。后来这个杯赛逐渐演变为联赛，各省球队都来参加。此外，还举办过一些其他的比赛。法国的联赛开始于1930年，杯赛开始于1918年。而法国足球职业化是1932年。法国足球俱乐部受到财政和经济的影响都很大，几乎每个赛季都有俱乐部倒闭，但同时又有一些新的俱乐部诞生。如今，法国的甲级联赛共有球队18支，乙级20支。丙级分为三级，第一级两组18支球队，仍属职业队；第二级两组18支队，属于业余性质的球队；第三级八组14支球队。丙级以下的球队就是地方性业余队，有八组14支球队。法国联赛的升降级制度为：每年甲级联赛的最后二三名降入乙级联赛。乙级联赛的前三名直接升入甲级联赛。乙级联赛的后四名降入丙级第一级联赛，丙级第一级联赛的两组每组的前两名升入乙级联赛。

九、美洲杯足球赛

美洲杯足球赛（America Cup Soccer Championship）诞生于1916年，是美洲、也是全世界历史最悠久的足球赛事。在阿根廷总统伊里戈延的倡议下，设立了这一杯赛。美洲杯足球赛由南美洲10支实力最强的国家队参加，因此是南美洲最高水平的比赛。比赛由南美足协主办，开始时每年举办一次，到1959年改为每4年举办一次。

（一）历届美洲杯足球赛

第一届比赛于1916年在阿根廷首都布宜诺斯艾利斯举行，参加比赛的仅有4个队：阿根廷、乌拉圭、巴西和智利队。其中，阿根廷队6比1胜智利队的比赛成为进球最多的比赛。最终乌拉圭队夺得桂冠。在比赛期间，组委会宣布成立了南美足球联合会。

第二届美洲杯足球赛于 1917 年在乌拉圭举行，有阿根廷、乌拉圭、巴西和智利队 4 个队参加。在这届杯赛中对冠军正式颁发"美洲杯"，当时的奖杯是以 3000 瑞士法郎从布宜诺斯艾利斯一家著名的珠宝店购得。这第一个奖杯被乌拉圭队所得。

第三届美洲杯足球赛于 1919 年在巴西举行，仍只有上述四个队参加，其中巴西以 6 比 0 胜智利的比赛成为 20 世纪 10 年代美洲杯比分最悬殊的比赛。在决赛中，巴西以 1 比 0 点杀前两届冠军乌拉圭队获得冠军。

在美洲杯比赛的前期，比赛时间和地点常常会因为政治原因而搁浅。1928 年，由于当时的第一强队乌拉圭队和阿根廷队要组队参加在荷兰阿姆斯特丹举行的夏季奥运会，美洲杯赛推迟两年举行。

20 世纪 30 年代初期，巴拉圭和玻利维亚为争夺大查戈地区而发生的战争使美洲杯停赛 5 届，直到 1935 年才恢复比赛，比赛冠军获得参加奥运会的资格。此后美洲杯的比赛时间开始不固定，经常由于政治经济方面的原因改期。

1953 年美洲杯足球赛最初定在巴拉圭举行，但是南美足协认为巴拉圭缺少足够的国际标准比赛场地，不同意将所有比赛都放在巴拉圭举行，最终这届比赛改在秘鲁举行。

1975 年、1979 年和 1983 年的三届美洲杯足球赛并没有在固定的场地进行赛会制的比赛，当时的比赛全部是通过主客场循环赛来决定名次，相当于国家之间的大联赛。

20 世纪 80 年代中期一些国家对在玻利维亚那样的高原上比赛不满，认为高原反应使得球队根本无法在比赛中发挥正常技战术水平，最后的名次不能反映真正的实力。

1991 年和 1993 年的美洲杯足球赛分别在智利和厄瓜多尔举行，阿根廷队连续两届夺得奖杯。

美洲杯足球赛的参赛队基本由南美的 10 支球队组成。1993 年后，美洲杯足球赛邀请了墨西哥和美国参赛。1999 年，因美国队的退出，于是邀请了日本队。

10 支南美球队分别是：阿根廷、巴西、乌拉圭、巴拉圭、哥伦比亚、智利、秘鲁、玻利维亚、厄瓜多尔和委内瑞拉。

4 支中北美和加勒比海地区球队分别是：美国、墨西哥、哥斯达黎加和洪都拉斯。

至 2011 年，美洲杯足球赛共举行过 43 次。

2011 美洲杯足球赛北京时间 7 月 25 日凌晨产生了最后的冠军，乌拉圭队如愿捧杯。

这场决赛在布宜诺斯艾利斯的纪念球场进行，这也是这届美洲杯唯一一场在布宜诺斯艾利斯进行的比赛，最后乌拉圭 3：0 击败了巴拉圭，获得本次赛事的冠军。同时他们也以 15 次夺冠的成绩超过了阿根廷，创作了美洲杯夺冠次数最多的新纪录，并且获得 2013 年联合会杯的参赛资格。

至此本届美洲杯的比赛全部结束，冠军是乌拉圭，亚军巴拉圭，季军是秘鲁队。最佳球员是乌拉圭的路易斯·苏亚雷斯。

足球运动竞赛组织与筹备

一、足球运动竞赛组织工作

（一）足球运动竞赛的性质与种类

1. 足球运动竞赛的性质

从足球运动竞赛的性质来看，可分为职业足球竞赛和业余足球竞赛。职业足球比赛是我国最高级别的竞赛，代表着我国足球的最高水平，是我国足球竞技水平的集中体现。我国的职业足球比赛包括中国足球超级联赛、中国足球甲级联赛、中国足球乙级联赛、足协杯比赛。此外，中国足球国家队参与的国际性比赛以及俱乐部参加的亚洲冠军杯赛等都属于职业竞赛。业余足球竞赛是我国全民健身运动的重要路径，是推动我国足球发展的重要力量，对足球运动的普及具有重要的作用。它是增加人民体质、丰富人们文化生活最为有效的途径之一。业余足球竞赛包括全国、各省市大型运动会足球竞赛，青少年、儿童竞赛，各级各类学校足球竞赛等。

2. 足球运动竞赛的种类

足球运动发展至今，已经形成了种类繁多的各项赛事。根据划分标准的不同，足球比赛可以划分为以下几类：

根据参与足球比赛队员的性别划分，足球竞赛可以分为男子足球比赛和女子足球比赛。

根据比赛任务和目的划分，可以分为足球联赛、邀请赛、锦标赛（杯赛）、表演赛（友谊赛）、冠军赛。

根据足球比赛场上人数、方法上的不同，可分为11人制、9人制、7人制、5人制足球竞赛等。

根据足球比赛参与者的年龄组成来划分，可以分为儿童足球竞赛、青少年足球竞赛、中老年人足球竞赛和混合制足球竞赛。

根据足球比赛参与者的职业来划分，可以分为工人足球竞赛、农民足球竞赛和军人足球竞赛。

（二）竞赛制度、编排与成绩计算

竞赛制度是在竞赛活动中确定参赛队名次的方法、体系的总称。足球比赛中常用的竞赛制度有循环制、淘汰制、混合制三种。三种竞赛制度各有各的特点与优势。因此，在选择竞赛制度时要根据实际情况来选择。

1. 循环制

循环制的特点在于参赛队可以较多地参与比赛，在实践中检验各队的技战术水平，有效地反映出球队的优势与不足，有利于球队改进技战术水平。通过较多的比赛可以增加球员对比赛阵型和球队战术思想的理解，提高球队的整体实力，还可以增加学习机会，取长补短。循环制的不足在于所用的时间长，对场地、人力、物力的要求较高。

循环制可分为单循环、双循环和分组循环。

（1）单循环

单循环就是所有参赛队在比赛中都要相遇一次，最后按各队在单循环赛中的全部成绩排定名次。这种方法一般在参赛队伍不太多（通常为8队以下）而赛期又相对较长时采用。单循环制的编排可按以下程序进行：

A. 竞赛场数计算公式

单循环比赛总场数 = 参赛队数 ×（参赛队数 − 1）÷ 2

例：6个队参赛：竞赛总场数 = 6 ×（6 − 1）÷ 2 = 15（场）

B. 计算竞赛轮次。每个参赛队打完一场比赛为一轮，如果每天进行一轮比赛，竞赛轮数也就是实际比赛的天数。单循环比赛轮次：若参赛队为双数，则比赛轮数等于参赛队数减1。如：6个队参赛，竞赛轮数为 6 − 1 = 5（轮），每个队每天打一场比赛，需5天打完全部比赛。参赛队数是奇数时，因每天有一个队轮空，竞赛轮数等于队数。如：5

队参赛，竞赛轮数为 5 轮，也就是说需 5 天完成比赛。

C. 编排竞赛轮次。将参赛队从 1～N 编号，并将其平均分成两半，前一半号数由 1 号起自上而下列在左侧，后一半号数自下而上列在右侧，然后用横线将相对的号数连接起来，这就是第一轮的比赛。若遇参赛队为奇数时，则采用"补"0 的方法使之成为偶数。遇到 0 的队该轮轮空。第二轮及以后轮次的排法是，若参赛队数为偶数，1 号位置固定不变（表 1）；若参赛队数为奇数，则 0 的位置固定不变（表 2）。

表 1　逆时针轮转法

第一轮	第二轮	第三轮	第四轮	第五轮
1—6	1—5	1—4	1—3	1—2
2—5	6—4	5—3	4—2	3—6
3—4	2—3	6—2	5—6	4—5

表 2　顺时针轮转法

第一轮	第二轮	第三轮	第四轮	第五轮
1—0	2—0	3—0	4—0	5—0
2—5	3—1	4—2	5—3	1—4
3—4	4—5	5—1	1—2	2—3

D. 编排竞赛日程表。轮次表排定后，按各队抽签号码将队名填入轮次表，即可据此排出竞赛日程表。在编排竞赛日程表时，应遵循机会均等的原则，如比赛时间、比赛场地的安排均应考虑这一原则。

E. 计分方法和名次排列。单循环制确定比赛名次时，以积分多少排列名次。即胜一场得 3 分，平局为 1 分，负一场得 0 分，弃权得 0 分，积分多者名次列前。若遇两队积分相等，按两队相互间比赛的胜负决定名次，胜者名次列前；若遇三队或三队以上积分相等，按积分相等各队相互间比赛的胜负场数多少决定名次，胜场多者名次列前；若相互间的胜负场数再相等，则按相互间的得失分率决定名次（得失分率＝总得分/总失分），得失分率高者名次列前；若仍相等，则按他们在单循环赛中所有比赛的得失分率排列名次（表 3）。

表3　得失分率排列名次

成绩队名 \ 队名	队　名						积分	相互间		
	A	B	C	D	E	F		胜场	负场	得失分率
A										
B										
C										
D										
E										
F										

（2）双循环

双循环是所有参赛队均相互比赛二次，最后按各队在全部比赛中胜负场数、得分多少排列名次。一般在参赛队伍较少，竞赛时间较长时采用。双循环制最显著的特点是增加了各参赛队之间的比赛机会，使足球比赛胜负的偶然性大大减少，比赛名次的排定更客观、合理。双循环可分为集中制和主客场制两种。

双循环制的竞赛场数和轮次均为单循环制的倍数；比赛轮次的编排与单循环编排相同，但要分别排出第一循环和第二循环轮次表；计分方法和名次排列也和单循环制相同，但遇两队积分相等，且相互间胜负场次也相等的情况，则按两队间比赛的胜分多少来确定名次，胜分多者名次列前。

（3）分组循环

分组循环是把参赛队分成大致相等的若干组，分别进行单循环比赛，排出小组名次后再进行第二阶段比赛。一般在参加比赛的队数多，而竞赛时间有限时采用。它的特点是既保留了循环制中各队相遇机会较多的优点，又可缩短比赛时间。为了分组比较合理，能反映出比赛的实际水平，一般采用种子队或蛇行排列分组办法。

分组循环排出小组名次后，可采用下列方法进行第二阶段比赛：单循环比赛的方法。按小组赛成绩重新编组进行单循环赛。如预赛分两个小组，可将各小组第一、二名编组循环决出 1～4 名，小组第三、四名编组循环决出 5～8 名；如预赛分四个组，可将各小组第一名编组循环决出 1~4 名，小组第二名编组循环决出 5~8 名。

为了减少轮次，通常可将小组赛中相关成绩带入第二阶段，即小组赛中相遇过的球队在第二阶段不再比赛。

（4）循环制比赛计胜方法

循环制比赛计胜方法必须在竞赛规程中明确规定。国际足联要求所属会员国在正式比赛中均采用 3 分制。办法如下：

A. 每队胜一场得 3 分，平一场得 1 分，负一场得 0 分。以全部比赛积分的多少决定名次，积分多者列前。

B. 如全部比赛结束时两队或两队以上积分相等，依下列顺序名次列前：

a. 积分相等队之间相互比赛的积分多者；

b. 积分相等队之间相互比赛净胜球多者；

c. 积分相等队之间相互比赛进球总和多者；

d. 整个比赛中净胜球多者；

e. 整个比赛中进球总和多者；

f. 抽签决定。

2. 淘汰制

淘汰制是指逐步淘汰失败者，使胜者按预定比赛表进入下一轮比赛，最后决出有限名次的一种比赛。淘汰制有单淘汰、双淘汰和主客场制淘汰三种方法。

淘汰制的特点在于集中体现了足球竞赛竞争性的特点，淘汰赛能够最大限度地激励球队的竞争意识，挖掘球员的最大潜力。淘汰赛的残酷性很强。所以，球员必须把全部精力投入到比赛中，争取比赛的胜利。此外，随着赛事的进行，技战术水平高的球队脱颖而出，比赛越来越激烈，观赏性愈来愈强。这种方法可以在参赛队多、场地、人力、物力相对不足以及赛事时间短的情况下采用。其不足之处在于比赛的偶然性极大，有时不能真实地反映各队的真正实力。因此，如今的许多赛事采用主客场淘汰赛制。此外，淘汰赛比赛场数少，不利于球队技战术水平的提高。

（1）单淘汰

单淘汰就是指在比赛中失败一次就失去比赛资格的方法。这种方法一般在参赛队伍较多，而赛期又相对较短时采用。单循环制的编排可按以下程序进行：

A. 竞赛场数计算公式

单淘汰竞赛场数 = 参赛队数 – 1

例如：8 支队参加比赛，单淘汰竞赛场数 = 8 – 1 = 7（场）

B. 竞赛轮数计算。所有参赛队打完一场比赛为一轮，如果每天进行一轮比赛，竞赛轮数也就是实际比赛的天数。其计算方法为：若参加比赛的队数等于 2 的 n 次幂，则比赛轮数即为 n；若参加比赛的队数不等于 2 的 n 次幂，则取最靠近 2 的 n 次幂的数中较大的那一个。

例如：若有 16 支队伍参加比赛，即 16 为 2 的 4 次幂，则比赛的轮数为 4 轮。若有 7 支队伍参加比赛，即 7 大于 2 的 2 次幂，小于 2 的 3 次幂，则比赛的轮数为 3 轮。

C. 编排竞赛轮次。如果参加比赛的队数是 2 的乘方数，第一轮所有的队都参加比赛，没有轮空队，将参加比赛的队，每两个队编为一组，按秩序表逐步进行比赛即可。

如果参加比赛的队数不是 2 的乘方数，第一轮比赛将要产生轮空队，要确定轮空的数量，即轮空数，这时可根据参赛的队数，选择最接近参赛队数的，较大的 2 的乘方数作为号码位置数，用号码位置数减去参加比赛的队数，即为轮空数。如：13 个队参加比赛，应选用 16 作为号码位置数，16 – 13 = 3，即有 3 个轮空队数，根据规则，可选 2、15、10 为轮空的号码位置，凡与 2、15、10 比赛的队即为轮空队。

在编排竞赛轮次时，应注意：①轮空队必须安排在第一轮，可采用抽签的办法来决定轮空队，也可采用先设种子队，再确定种子队轮空队的区位。②为了避免水平高的队过早相遇而被淘汰，可设种子队，把种子队安排在不同的区位上，使之最后相遇，种子队的多少，由参赛队的多少而决定，一般以四个队确定一个种子队为宜，如 16 支队参加比赛，设 4 个种子队，最好把最强的 1、2 号种子队放在两头的 1、16 号位置上，把 3、4 号种子队放在中间的 8、9 号位置上。

（2）双淘汰

双淘汰是指在比赛中失败两次即失去比赛资格的方法。

A. 比赛场数的计算

比赛场数 = （参赛队数 – 1）×2

如 10 支队伍参赛，则比赛场数 = （10 – 1）×2 = 18（场）

B. 编排方法与单淘汰的编排方法相同。只是在进入第二轮时，要把负队编排在下半区，负者再比赛，胜出的队伍继续比赛。

（3）主客场制淘汰赛

主客场制淘汰是指按主客场两次比赛成绩之和来决定胜负，失败的队即失去比赛资格的方法。比赛场数的计算和双淘汰赛相同。编排方法按照上个赛季各球队的成绩蛇形排布在上下半区，进行主客场比赛。

　　3. 混合制

　　混合制的特点是它可以综合利用循环制和淘汰制，根据比赛的目的、任务、要求和参赛队的数量来确定比赛的规格。混合制综合了循环制和淘汰制的优点，使赛事观赏性高，而不至于时间冗长，在一定时间内集中了精彩激烈的比赛。它还弥补循环制和淘汰制的不足，使比赛结果更加真实地反映各球队的实力，减小比赛的偶然性。

　　混合制是同时使用两种以上赛制的竞赛编排制度，在一次比赛中分成两个阶段，前一阶段采用循环制，后一阶段采用淘汰制。或先采用淘汰，后采用循环制。较为常见的是前一种形式。混合制的特点是综合了循环制和淘汰制的优点，弥补了两者的不足，较全面地兼顾了竞赛各方面的要求。混合制在进行淘汰赛时一般是交叉淘汰或同名次比赛两种形式。

　　在分组循环排出小组名次后，可采用以下方法排出最终名次。

　　交叉淘汰：这是第二阶段常用的方法，一般预赛为两个小组时大多采用此方法。它将各小组前两名编为一组，小组第一名分别对阵另一组第二名，胜者决出一、二名，负者决出三、四名，其余名次采用相同办法决出。

　　下面列出前四名交叉淘汰赛对阵图：

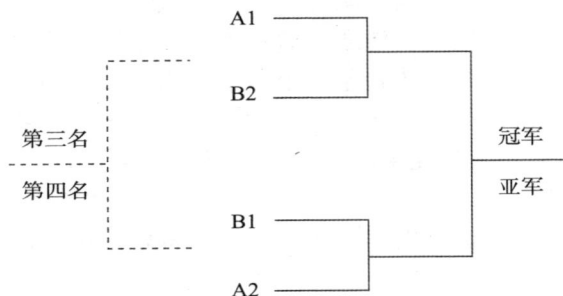

前四名交叉淘汰赛对阵图

二、足球运动竞赛的组织筹备

（一）赛前的筹备

　　足球比赛主办单位应根据竞赛的性质、规模的大小，召集各有关单位成立组委会（或筹备委员会）。对比赛的组织方案、竞赛章程、工作计划、组织机构等问题进行审议。

比赛方案是进行足球比赛工作的依据，是指导组织比赛的纲领，是比赛顺利进行的保证。一般包括以下内容：

（1）比赛的名称和目的任务。

（2）比赛的规模：根据比赛的目的和任务来确定。主要内容有：主办单位、比赛的地点和日期、参加单位和参加人数等。

（3）比赛的组织机构：包括组织形式、工作人员名额、组织委员会下设的工作部门及负责人。

（二）成立机构

组织机构的设立与规模应与竞赛规模相适应，根据工作需要来组建。

1. 组委会的主要工作

（1）制定竞赛方针。

（2）研究和批准竞赛规程。

（3）研究和批准竞赛的工作计划。

（4）赛前听取筹备工作汇报，研究解决有关问题。

（5）赛后批准大会总结或处理有关的问题。

2. 办公室（秘书处）

（1）组织配备各部门的工作人员。

（2）拟订工作计划。主要内容：组委会会议、裁判员报到日期、场地器材的准备、开幕式和闭幕式、各代表队领队会议、大会总结等。

（3）负责对外联系，统一解决各组之间的问题。

（4）编制经费预算等事宜。

3. 宣传组

（1）组织好大会的宣传工作。

（2）组织通讯报道和编辑会刊。

4. 竞赛组

（1）筹备裁判工作，在裁判长的组织下开展工作。

（2）组织报名，编印秩序册。

（3）准备场地和各种器材，安排各队赛前练习。

（4）召开有关会议，解决比赛的各种问题。

（5）最后排出各队的比赛成绩。

5. 总务处

（1）审核比赛期间的经费预算。

（2）做好比赛的后勤保障工作。

（3）及时召开各单位的管理人员会议，解决好比赛期间的有关生活问题。

（三）制定比赛规程

竞赛规程是竞赛组织者和参加者的基本文件，也是竞赛工作的依据。竞赛规程一般包括以下内容：

（1）竞赛的名称。

（2）竞赛的目的任务。

（3）主办单位。

（4）比赛时间和地点。

（5）参加单位和各单位人数及资格等。

（6）报名和报到日期。

（7）竞赛办法、裁判员、采用的规则和用球。

（8）录取名次和奖励办法以及其他事宜。

（四）制定比赛工作计划

（1）编排比赛秩序及编印秩序册。

（2）审查参加比赛人员的资格。

（3）组织裁判员学习。

（4）召开裁判长、领队会议。

（5）检查场地、器材。

（6）绘制各种表格。

PART 11　精神礼仪

运动员参赛精神与道德准则

国际足联足球运动员行为准则规定了国际足联一贯遵循的体育、道德准则。不管遇到什么外界压力和影响，国际足联都将永远为遵循此原则而奋斗。这十条准则不仅作为国际足联这个足球最高机构遵循的原则，还起到了加强国际足球大家庭各成员之间的合作和兄弟情谊的作用。

一、为胜利而比赛

夺取胜利是所有体育比赛的目的。

绝不要为了失败而比赛。如果你不是为了胜利而比赛，那么你就是在欺骗对手，愚弄观众，同时也是在欺骗自己。

面对强大的对手永远不要放弃，面对弱小的对手也不要不尽全力。如果在比赛中未尽全力就是对对手的侮辱。

终场哨声未响，就要全力以赴去争取胜利。

二、公平比赛

通过不公平的或欺骗的手段获得的胜利没有任何价值。作弊很容易，但是毫无乐趣可言。公平竞赛需要勇气和性格，而且也更有成就感。公平竞争会得到相应的回报。即使比赛输了，你也能赢得尊重。而欺骗则令人憎恶。记住：这只是一场比赛，不公平的比赛没有任何意义。

三、遵守比赛规则

任何运动都有自己的规则，没有规则就会出现混乱。足球运动的规则简单易学。多花费些工夫去研究比赛规则，有助于更好地理解比赛，成为一名优秀的运动员。

懂得规则的精神同样重要，因为规则的制定是为了使比赛更有趣，更有观赏性。遵守比赛规则，才能更好的享受比赛的乐趣。

四、尊重对手、队友、裁判、官员和观众

公平竞赛意味着相互尊重。

没有对手就没有比赛。他们和你一样拥有同样的权利，包括被尊重的权利。队友和你一起才能组成一支球队，球队的所有成员都是平等的。

裁判员负责保证比赛的纪律和公平竞赛，要无条件的尊重裁判的决定，这样才能有助于他们使你更好的享受比赛。

官员也是比赛的一部分，同样也应受到尊重。

观众创造了比赛气氛，他们希望看到的是公平的竞赛，同时自己也要有恰当的举止。

五、正确对待失败

没有永远的胜利者，比赛总会互有胜负。学会正确对待失败，不要找借口，因为失败的真正原因往往是显而易见。

向胜利者祝贺，不要抱怨裁判或其他人，力争在下次做得更好。一个有风度的失败者要比一个没有风度的胜利者能赢得更多的尊重。

六、保护运动员的利益

足球是世界上最具影响的运动，但是需要我们继续努力，使其永远成为世界第一运动。

永远将足球的利益放在自身利益之上，时刻意识到自己的一言一行会影响到足球运动的形象。

要宣扬足球比赛中积极的一面，鼓励别人去观看比赛，去公平的参与足球运动。帮助别人和自己一样享受足球的乐趣。要争取做一名足球大使。

七、拒绝外界的负面影响

足球运动广受欢迎，也往往使其受到外界的负面影响。

要提高警惕，抵制任何驱使你使用违禁药品和作弊的诱惑。违禁药

品不应出现在足球和其他的运动中，也不应存在于这个社会，要对违禁药品说不。

将种族歧视赶出足球运动。不论肤色和种族，平等对待所有的球员。

宣传足球拒绝暴力。足球是一种体育运动，而体育运动是和平的。

八、帮助他人抵御腐败的压力

也许有的队友或其他人受到了作弊的引诱，他们需要你的帮助。你要毫不犹豫地支持他们，给予他们抵御这些诱惑的力量。要提醒他们为队友和足球运动所担负的责任。

必须同队友团结起来同腐败作弊行为进行斗争，就像在足球场上组成的一道坚固的防线。

九、谴责那些试图毁坏这项运动形象的人

如果你确信有人准备引诱他人作弊，要毫不犹豫地揭露他的阴谋。必须在造成危害前将其丑行公之于众并予以阻止。

公开谴责某种错误行径往往比随波逐流需要更大的勇气，但诚实受人赞誉，附和无人称道。不要仅仅对错误行径说不，要在他们争取附和前站出来谴责这些试图破坏足球运动的人。

十、赞扬那些维护足球运动声誉的人

足球运动之所以如此大受欢迎，正是因为绝大多数热爱这项运动的人们是诚实而公正的。特别是有些人的突出表现得到了社会的公认。他们应该受到尊重，他们的事迹应该广为宣传，这将鼓励其他人以此为榜样。

应当通过宣传足球运动的优秀事迹来提高足球运动的形象。

球迷观赛礼仪

足球是世界上最富激情的运动，其内涵十分丰富，每个球迷，都能在其中找到自己需要的东西：拼搏、战术、运气、输赢、英雄、荣誉等。它给人带来的快感和享受，是其他活动项目难以比拟的。然而，由

于球场上发生肢体碰撞，或裁判失察、误判等，常常会引起球迷的过激反应，导致冲突甚至引起骚乱、伤亡事件。

注意观赛礼仪，倡导文明观赛十分重要。

一、着装

看体育比赛，不必像听歌剧、音乐会那样衣冠楚楚，但也要着装得体、大方，休闲服、运动服均可。有的拉拉队穿上与自己喜爱球队相同颜色的球衣，有的球迷别出心裁，脸上涂抹国旗图案油彩等，都会很好地活跃比赛气氛。而穿背心、短裤，趿拉着拖鞋，甚至光着膀子去赛场看球，则有伤大雅，不符合公共场所礼节的要求。

二、入、出场

入场可以随身携带锣鼓、喇叭、旗帜、加油横幅等拉拉队常用物品，但不能携带赛场明令禁止的物品，如侮辱性标语、酒精类饮品、瓶装饮料等。两球队入场，均应友好对待，不可只给自己喜爱的球队鼓掌，而冷落另一支球队。

无论比赛结果如何，在比赛结束时，都应礼貌地再次为双方球员和裁判员鼓掌表示感谢。场内观众席上一般不禁止吃零食，但进食不得影响他人观看，不要把果皮纸屑随地乱扔。离场时，要把自己产生的垃圾带走，做到人走场净。场内一般不准吸烟，实在忍不住，可以到休息厅的吸烟室或允许吸烟的地方吸烟。

三、国旗

国际足球比赛，都会举行升国旗、奏国歌仪式。届时，除摄影、摄像记者外，在场人员应一律起身、肃立，停止走动和交谈。当升起本国国旗、奏响本国国歌时，应面向国旗行注目礼，军人要向国旗行军礼，少年儿童要行举手礼，全体随国歌曲谱一同唱响国歌。而当升起客队国旗、奏响客队国歌时，在场人员应保持肃立，以示对客队的尊重。

四、粗口

观赛常见的不文明之举是动粗口。当一个漂亮的头球、一记倒钩或长距离射门，使球应声入网的刹那间，该队球迷在看台上会一片欢腾。而对手阵营却是另一番景象：有人哀叹，有人责骂防守球员"废物"、"大粪"，也许会有人高喊"越位"、"裁判误判"。于是，双方球迷各执一词，开始争执，口无遮拦，以至于"眼瞎"、"狗屁"等难听的粗口都出来了。这是赛场不和谐之音，应坚决摒弃。提倡语言文明，行为得体，应当先从控制粗口入手。

五、宣泄

紧张激烈的足球比赛，观众与球员一起享受成功的快感、疯狂，也会与球员一起经历失误、失败的懊丧。而伴随快感或懊丧情绪，常常会有不同形式的宣泄。球迷们为己方球队加油助威，常见的宣泄形式有喊口号、吹喇叭、敲锣打鼓、抛洒纸花、做人浪等，这些会很好地增强赛场的浓烈气氛。但是喝倒彩，辱骂队员、教练、裁判，甚至往赛场内投掷危险杂物等，则不是正常的宣泄，而是过激行为，如果不加以节制，离犯法也就不远了。

六、秩序

为了保证赛场秩序和安全，赛会组织者应适当采取一些措施，如把好入口"安检"关，把危险物品排查在赛场之外，以便有效遏制向场地内投掷物品的几率；为了抵制粗口，可邀请乐队到现场演奏，用音乐抵制不良叫骂声；启动大屏幕，回放比赛场面，让观众看清判罚过程，可消除对裁判的误解；在赛场启用循环饮水机，供球迷"消火"。如果有关单位、组织能够把志愿者、球迷组织起来，进行集体观赛，统一口号、统一服装和统一动作，会对营造良好的赛场氛围更有利。

"文明观赛事，理智对输赢"的口号很好，应该大力推广。

PART 12 明星花絮

早期球星的难忘风采

一、比利·福克 (Billy Falk)

最早也是最受大家认可的球星实际上是一名守门员——比利·福克。最初效力于谢菲尔德联队时，福克体重暴增得惊人，但这并没有影响他的足球生涯，他仍帮联队赢得了联赛的冠军，并两次夺得足总杯冠军。1904 年出版的《造就足球的人》中，曾这样描写他："这个重达 140 千克的庞然大物，却有着矮脚鸡般的敏捷。他接低球的方式足以推翻任何有关体重过高是弊端的论断。"可见胖子球星的风靡可不是浪得虚名的。后来福克转会切尔西队担任队长，更受到球迷的喜爱。他的球星魅力一方面也是来自他憨厚的有趣性格。"只要不让我错过晚饭，他们喊我什么都无所谓。"毫无形象的狼吞虎咽的吃相成为伙伴们调侃他的话题，然而他并不介意，继续当他的球队开心果。

二、阿尔夫·科蒙 (Alf Coman)

阿尔夫·科蒙引起世界的轰动是在 1905 年。当时，他以 1000 英镑的转会费从桑德兰队转会到了米德尔斯堡队，成为世界上第一个转会球员。巨额的转会费在当时也成了关于"金钱雇佣"的激烈争

1000 英镑先生阿尔夫·科蒙

论的导火线。这个天性快活、面色红润、身材比较矮胖、爱搞恶作剧的家伙用行动证明了这次举世震惊的大手笔转会费是物有所值的。转会后的第一场比赛他就以一个罚球帮米德尔斯堡队夺得两年来的第一场胜利，在球迷心中的明星形象也越来越清晰。

中期球星的魅力犹存

一、贝肯鲍尔（Beckenbauer）

弗朗茨·贝肯鲍尔是四次德国联赛冠军（1969，1972～1974），四次德国杯的冠军（1966，1967，1969，1971），三次欧洲冠军杯的冠军（1974～1976），一次欧洲联盟杯的冠军（1967），一次洲际杯的冠军（1976）以及四次德国"年度最佳足球运动员"（1966，1968，1974，1976），1974年世界杯冠军，1990年以教练员的身份赢得世界杯。

"足球皇帝"贝肯鲍尔

这一连串的光环让他无愧于"足球皇帝"的称号。

二、贝利（Pele）

"球王"贝利

艾迪逊·阿兰蒂斯·德·纳西曼托（Edson Arantes DoNascimento），又名贝利，1940年10月23日生，是一位不断创新的足球天才。贝利（Pele）、足球上帝、"球王（O Rei）"，无论哪个名字，他给人们留下的印象是一样的：震惊世界的超级巨星、打破纪录的足球偶像、三届FIFA世界杯冠军，也是世界上唯一一位三夺世界杯的球员。他可以打中、前、后场任何一个位置，甚至连守门员也能胜任，球技出神入化，因此被称为"万世球王"。

当今球星的璀璨光芒

一、大卫·贝克汉姆（David Beckham）

环顾当今的国际足坛，也许再没有第二个球星能比中场球员贝克汉姆制造出的新闻更多。由于其俊美不凡的外表和不羁的性格，使得他在商场和娱乐圈的知名度让其他球星均无法比肩，同时他的收入也是足球运动员中的翘楚，英媒体披露他的家产达到数亿英镑。他和他的流行歌星太太，每天都是英国媒体追捧的对象。

贝克汉姆

二、马拉多纳（Maradona）

在阿根廷，足球是人们永不厌倦的话题，它为阿根廷人带来的欢乐是无与伦比的。而迭戈·马拉多纳（Diego Armando Maradona）正是很久以来阿根廷足球的焦点。这位前国家队队长率领他的队伍获得了1986年世界杯冠军，在一个把足球看得如同每日的食粮一样重要的国度，他几乎被视作一位神。

在他的足球生涯里，巴塞罗那（Barcelona）、那不勒斯（Napoli）、塞维利亚（Seville）和纽维尔斯老男孩（Newell's OldBoys）队都直接见证了马拉多纳这位被赋予了高超技巧和神奇左脚的小个子球员的过人天赋。

三、罗纳尔多 （Ronaldo）

无论罗纳尔多在哪儿踢球，他都能多产，并且在他的职业生涯中保持着几乎平均一场比赛进一个球的进球率。

自从 1994 年埃因霍温队把他从克鲁塞罗队引进来，这位世界最著名的足球运动员就一直受到人们的关注。在埃因霍温，在 1994～1995 赛季，罗纳尔多出场 33 次贡献 30 粒进球，荣获荷甲联赛金靴奖。在 1996 年转会到巴塞罗那的第一年，他在 37 场比赛中一共打进了 34 个球，荣膺联赛最佳射手。

罗纳尔多

三届世界足球先生、两届欧洲金球奖得主，金足奖得主，世界杯金球奖、金靴奖得主，两届世界杯冠军，一届亚军，世界杯历史最佳射手，唯一效力过皇家马德里，巴塞罗那，国际米兰，AC 米兰四大豪门的球员，一生精彩进球无数，人们干脆称呼他为"外星人"，一个时代的球王。世界足球史上最伟大前锋！史上最佳球员之一！

四、罗纳尔迪尼奥 （Ronaldinho）

罗纳尔迪尼奥也被人称为"小罗纳尔多"。2002 年他作为主力球员为巴西第五次夺得世界杯。有人说，小罗像大罗一样射门进球，像齐达内一样过人组织，像贝克汉姆一样抢断长传，像菲戈一样纵深突破，他一个人完成了皇马四大天王的工作，这就是巴西足球天才罗纳尔迪尼奥！小罗纳尔多拥有神奇的魔术与迷人的微笑，而且他的球技得到了全世界所有足球人的认同，老的、少的、皇马的、巴萨的，就连两个永不服对方的球王贝利和马拉多纳，也忘记了旧怨，共同把赞美送给了这台能制造完美足球的机器。小罗纳尔多让所有热爱足球的人都结为了兄弟。

齐达内

五、齐达内（Zinedine Zidane）

齐达内是世界上最优秀的球员之一，球风洋溢着古典主义的气息，他为法国队赢得的 1998 年世界杯和 2000 年欧洲杯两项国际足坛的最高荣誉，就连普拉蒂尼也无法与之相比。齐达内 2001 年夏天以 6400 万美元的创纪录天价加盟皇家马德里队，这位法国队的旗手在皇马很快就成为了进攻的核心和组织者。

六、罗伯特·巴乔（Roberto Baggio）

女球迷记住他是因为他英俊的容貌和忧郁的眼神；一般人记住他是因为 1994 年世界杯他踢飞点球让意大利痛失冠军而被人称作"悲情英雄"；专业球迷记住他则真正是因为他炉火纯青的球技。

1982～1983 赛季，巴乔作为职业球员首次在意大利赛场亮相。1990 年世界杯，巴乔一鸣惊人，成为世界级球星，随后转会加盟尤文图斯。1994 年世界杯决赛，巴乔踢飞点球，意大利痛失冠军，巴乔的事业陷入低谷。2000 年，巴乔加盟布雷西亚，在这里他帮助球队连续三年保级成功。

菲戈

七、菲戈（Luis Figo）

葡萄牙黄金一代的领军人物之一，绰号"魔鬼"的菲戈有着齐达内般的盘球功夫和贝克汉姆一样的脚法，他是中场的进攻发动机、才华横溢的右路天才。菲戈无疑是世界上最具实力的球星之一，技术意识出众，场上战斗作风顽强。

八、劳尔·冈萨雷斯（Raúl González Blanco）

劳尔·冈萨雷斯·布兰科，西班牙最著名的足球运动员之一。从 1994 年进入皇马一线队开始，过去的 15 年间，劳尔跟随皇家马德里队征战四方，几乎拿遍了一支俱乐部球队可以拿到的所有荣誉。在 2010 年 7 月 25 日正式离开伯纳乌前，劳尔 16 年西甲出战 550 场，进球 228 个，助攻 83 次，皇马俱乐部正式比赛 741 场，留下 323 粒进球。从"金童"称号的开始，到"皇马传奇 7 号"的象征，再到"指环王"的美誉，伯纳乌球场的 7 号可谓是占尽了风头。

即便是在弗洛伦蒂诺（Florentino Pérez）的两任银河战舰（Galacticos）中，皇马 7 号也永远不会失色太多。至少，只要在球场上，他始终可以凭借自己的号召力和影响力去激发自己身边的队友。

劳尔在国际赛场上的矛盾表现令很多最好的足球评论家感到迷惑，他们声称这就是在 FIFA2001 年度世界足球先生的评选中劳尔输给自己的队友菲戈（Luis Figo）、仅获得第三名的重要原因。尽管如此，劳尔已经是西班牙国家队进球最多的球员。一个天使是不该为功利而生的，正如一个特立独行的艺术家不会为金钱名利而

"西班牙的旗帜"——劳尔·冈萨雷斯

摒弃艺术的唯美。生在浪漫的西班牙是劳尔的幸运，而生在一个功利主义的时代，是劳尔的不幸。假如将所有的前锋比作杀手，劳尔无疑是其中最为优雅的一个。没有人会质疑劳尔的惊世才华，然而这种旷世才华似乎只能托庇于崇尚艺术足球的西甲联赛。被世俗的洪流污染得面目全非的世界杯绝非是为艺术足球而生的劳尔所愿涉足的江湖。

"指环王"的华贵是生长在血液当中的。当年少年成名的劳尔一头短发，面孔白净，温柔的眼神叫人怜爱。而今风华不再的劳尔看上去疲惫落魄，但是却增加了一种抑郁的诗人气质。寂寞的劳尔，忧郁的劳尔，命运多舛的劳尔，却偏偏是才华横溢的劳尔，却偏偏是豪气干云的劳尔。如果说西班牙人中有一位没有翅膀的天使，那就是劳尔；如果说这个世界上有为足球而生的精灵，那么劳尔是其中最出色的一个。

PART 13 历史档案

世界杯历届回顾

第 1 届　1930 年乌拉圭世界杯

本届杯赛没有预选赛，由于当时许多欧洲国家因为没能得到第一届世界杯的主办权而气恼，因此只有 13 支国家队报名参赛，两个南美国家乌拉圭和阿根廷携手进入决赛。东道主乌拉圭国家足球队 4：2 战胜阿根廷国家足球队，成为第一个世界杯冠军。

第一届世界杯颁奖仪式

第 2 届　1934 年意大利世界杯

本届杯赛第一次有了电台的实况转播。
意大利与捷克斯洛伐克争夺冠军，意大利首次夺得世界杯冠军。

第 3 届　1938 年法国世界杯

这届杯赛上届冠军和东道主球队直接进入决赛阶段比赛，意大利队成功卫冕。

第 4 届　1950 年巴西世界杯

经过第一轮小组循环赛，巴西、乌拉圭、西班牙和瑞典进入四强，他们需要再次以循环赛的形式决出冠军。最终老道的乌拉圭队顶住了场上和场外的压力，第二次获得世界杯冠军荣誉。

第5届　1954年瑞士世界杯

本届杯赛在瑞士的五个城市进行，26场比赛总共打进140个进球，令球迷大饱眼福。平均每场进5.38球的纪录也是历届世界杯决赛阶段比赛最高的。本届杯赛，球员们首次穿上了印有号码的球衣。另外，电视首次运用于世界杯赛的转播。

联邦德国队在决赛中先失2球，之后却连入3球，最终3比2逆转战胜了匈牙利队最后获得冠军，开始了他们在世界杯赛上的辉煌历程。

第6届　1958年瑞典世界杯

这届比赛的大明星是巴西队年仅17岁的天才球员贝利，他司职左边锋，与加林查、扎加洛、瓦瓦组成世界上最锋利的前锋线。另一位明星是法国队的前锋方丹，他是第一位在世界杯决赛阶段每场比赛都有进球的球星，创造了至今无人打破的一届世界杯进13球的最高纪录。巴西队第一次夺得世界杯冠军。

第7届　1962年智利世界杯

这届杯赛被称为历史上最粗野的一次世界杯赛，几乎每场比赛都有球员被罚出场外。开赛三天，竟然有34名球员是被抬下场的。决赛中，

1962年第七届世界杯决赛

巴西队 3 比 1 战胜捷克斯洛伐克队成为第三个两次获得世界杯冠军的队伍。

第 8 届　1966 年英国世界杯

本届杯赛上的最大黑马属于朝鲜队，它是世界杯赛上首次进入复赛的亚洲球队。

在英格兰与联邦德国的冠军争夺战中，英格兰队的赫斯特成为了东道国的英雄，他成为迄今为止唯一一位在决赛中上演"帽子戏法"的球员，现代足球队发源国第一次获得冠军。英国人在本届比赛中创新使用了"442"阵型，这个经典的阵型到目前仍然被很多球队所采用。英格兰与联邦德国的冠亚军决赛中的争议进球也成为世界杯历史上的悬案和经典。

第 9 届　1970 年墨西哥世界杯

国际足联决定首次在欧洲和南美洲之外的地区举办世界杯赛，最后选中了墨西哥。

冠军争夺战中巴西最后以 4 比 1 战胜意大利队，取得划时代的胜利，成为世界杯历史上第一支三次夺冠的队伍，并永久占有了"雷米特杯"。

第 10 届　1974 年西德世界杯

这届杯赛正值世界足球技术革新的热潮，以荷兰人创造的"全攻全守"为代表，为足球带来了新的活力。

联邦德国队与荷兰队踢了一场永垂史册的决赛，在全场观众的欢呼声中，联邦德国队 2 比 1 获胜，第二次登上了冠军领奖台。

第 11 届　1978 年阿根廷世界杯

本届世界杯赛实现了一个历史性的突破，预选赛的参赛队伍第一次超过了 100 支。

阿根廷队与上届亚军荷兰队争夺桂冠。最后，阿根廷队以 3 比 1 的比分使荷兰队再次屈居"老二"。这也是世界杯历史上第五次由东道主夺魁。

第 12 届　1982 年西班牙世界杯

本届杯赛扩至 24 支球队。

意大利与联邦德国队进行冠军争霸战。意大利一路依靠前锋罗西的出色发挥成为继巴西后，第二个获得三次世界杯冠军头衔的国家。

第 13 届　1986 年墨西哥世界杯

这届世界杯的主办国哥伦比亚因财政困难宣布放弃。墨西哥代替哥伦比亚承办世界杯比赛，并成为了第一个举办过两届世界杯赛的国家。在此世界杯举办前，曾经历过巨大地震。

阿根廷队与联邦德国队争夺冠军，马拉多纳显示出他作为本届杯赛最佳球员的风采，本届杯赛成了他表演的大舞台。阿根廷最后夺冠。

第 14 届　1990 年意大利世界杯

本届杯赛的英雄人物当属"足球皇帝"贝肯鲍尔和他的德国"三驾马车"，最佳射手斯基拉奇和老将米拉。冠军最后属于联邦德国队，联邦德国与意大利、巴西一样，成为三次获得世界杯冠军的国家。

第 15 届　1994 年美国世界杯

本届世界杯决赛圈比赛充满了精彩刺激的场面和令人叫绝的进球。本届杯赛上最大的悲剧是哥伦比亚球员埃斯科巴因将球打入自家球门，回国后惨遭杀害。

最后的决赛的双方是巴西队和意大利队，比赛在 120 分钟内没有分出高低，点球决战，巴乔射失点球，巴西人再次捧杯，成为世界上第一支获得四届世界杯冠军的国家。

第 16 届　1998 年法国世界杯

本届杯赛扩军到 32 支球队，最大的黑马是首次进入世界杯决赛阶段比赛的克罗地亚队，前南解体后首次参赛的他们最终获得季军的好成绩。7 月 12 日成为了法国人的节日，决赛中，法国中场齐达内在上半场两次头球破门。最终，法国队以 3 比 0 击败巴西首次夺魁。

第 17 届　2002 年韩日世界杯

世界杯历史上首次由两国合办。本届杯赛以弱胜强的冷门频出极富戏剧性，数个夺标热门队止步于小组赛。中国队历史上首次进入世界杯决赛阶段比赛，但小组赛三战皆负未能取得进球，以失 9 球积 0 分的成绩无功而返。德国队在不被看好的情况下凭借超新星克洛泽的横空出世以及卡恩和巴拉克出色发挥一路披荆斩棘杀进决赛，最后残阵悲壮地倒在由"3R"领衔双卡等辅助阵容鼎盛到"如日中天"的巴西队脚下，巴西队第 5 次获得世界杯冠军。

第 18 届　2006 年德国世界杯

这届杯赛上，四强全为欧洲球队。东道主德国队凭借前锋克洛泽的神勇发挥杀入四强，谱写了一个夏天的童话，遗憾的是在半决赛加时赛的最后时刻惜败意大利，但所展示出的攻势足球征服了全世界无数球迷。最终决赛意大利以点球大战战胜法国，获得冠军。齐达内在加时赛下半场用头撞击意大利队后卫马特拉齐，被红牌罚下，震惊了世界。

第 19 届　2010 年南非世界杯

世界杯首次在南非举行，这是非洲国家第一次举办世界杯赛，预示着非洲足球事业逐步踏入颠峰。

本届世界杯冷门频发，上届世界杯的冠军和亚军都未小组出线便双双打道回府。南非也成为第一个在世界杯小组没有出线的东道主国家。最终西班牙在加时赛战胜荷兰，历史上首次夺得世界杯冠军。德国队在该届杯赛掀起了一股青春风暴，优雅快速的攻势足球带给球迷们赏心悦目的享受。传奇前锋克洛泽创造了神话般的连续参加三届世界杯每届至少攻入 4 球以上的伟大纪录。

第 20 届　2014 年巴西世界杯

2014 年巴西世界杯将在 2014 年 6 月 13 日至 7 月 13 日于巴西举行。2003 年 3 月 7 日，国际足协宣布 2014 年世界杯将在南美洲举行，3 月 17 日南美洲足球协会投票通过巴西成为唯一争取主办权的国家。

第 21 届　2018 年俄罗斯世界杯

北京时间 2010 年 12 月 2 日晚，国际足联在总部苏黎世经过投票的方式由 22 名执委选出了未来两届世界杯的举办地——俄罗斯获得 2018 年世界杯举办权，卡塔尔获得 2022 年世界杯举办权。

各届世界杯举办时间、地点及冠军表

届　别	举办地	比赛日期	冠军榜
第 1 届世界杯	乌拉圭	1930 年 7 月 13 日至 7 月 30 日	乌拉圭
第 2 届世界杯	意大利	1934 年 5 月 27 日至 6 月 10 日	意大利
第 3 届世界杯	法国	1938 年 6 月 4 日至 6 月 19 日	意大利
第 4 届世界杯	巴西	1950 年 6 月 24 日至 7 月 24 日	乌拉圭
第 5 届世界杯	瑞士	1962 年 6 月 16 日至 7 月 4 日	联邦德国
第 6 届世界杯	瑞典	1958 年 6 月 8 日至 6 月 29 日	巴西
第 7 届世界杯	智利	1962 年 5 月 30 日至 6 月 17 日	巴西
第 8 届世界杯	英国	1966 年 7 月 11 日至 7 月 30 日	英格兰
第 9 届世界杯	墨西哥	1970 年 5 月 31 日至 6 月 21 日	巴西
第 10 届世界杯	德国	1974 年 6 月 13 日至 7 月 7 日	联邦德国
第 11 届世界杯	阿根廷	1978 年 6 月 2 日至 6 月 25 日	阿根廷
第 12 届世界杯	西班牙	1982 年 6 月 14 日至 7 月 11 日	意大利
第 13 届世界杯	墨西哥	1986 年 5 月 31 日至 6 月 29 日	阿根廷
第 14 届世界杯	意大利	1990 年 6 月 9 日至 7 月 8 日	联邦德国
第 15 届世界杯	美国	1994 年 6 月 18 日至 7 月 17 日	巴西
第 16 届世界杯	法国	1998 年 6 月 11 日至 7 月 12 日	法国
第 17 届世界杯	韩国、日本	2002 年 5 月 31 日至 6 月 30 日	巴西
第 18 届世界杯	德国	2006 年 6 月 9 日至 7 月 10 日	意大利
第 19 届世界杯	南非	2010 年 6 月 11 日至 7 月 11 日	西班牙
第 20 届世界杯	巴西	2014 年 6 月 13 日至 7 月 13 日	
第 21 届世界杯	俄罗斯	2018 年 6 月 8 日至 7 月 8 日	
第 22 届世界杯	卡塔尔	2022 年 6 月 10 日至 7 月 10 日	

进球纪录

世界杯历史总射手榜英雄座次排名——15 球：罗纳尔多（巴西）；14 球：克洛泽（德国）、盖德·穆勒（德国）；13 球：方丹（法国）；12 球：贝利（巴西）；11 球：柯奇士（匈牙利）、克林斯曼（德国）；10 球：拉托（波兰）、拉恩（德国）、莱因克尔（英格兰）、库比拉斯（秘鲁）、巴蒂斯图塔（阿根廷）。

决赛进球最多：球王贝利 3 球（1958 年 2 球、1970 年 1 球）；瓦瓦 3 球（1958 年 2 球、1962 年 1 球）；赫斯特 3 球（1966 年）；齐达内 3 球（1998 年 2 球、2006 年 1 球）。

单届世界杯进球最多：法国的方丹在 1958 年世界杯 6 场比赛攻入 13 球。

两届世界杯至少攻入 5 球以上：克洛泽（德国）2002 年、2006 年；库比拉斯（秘鲁）1970 年、1978 年。

世界杯进球持续性最好：德国的克洛泽在 2002、2006、2010 连续 3 届世界杯每届至少攻入 4 球以上。

世界杯头球进球最多：克洛泽（德国）7 球，2002 年、2006 年、2010 年。

世界杯技术最全面的射手：克洛泽（德国），14 个进球分别用 7 个头球 7 个脚下攻入其中右脚 5 球左脚 2 球。

第一个帽子戏法：斯塔比莱（阿根廷）1930 年，阿根廷 6 比 1 墨西哥

世界杯最多帽子戏法：匈牙利的柯奇士 2 次（1954 年对韩国、对西德）、法国的方丹 2 次（1958 年对巴拉圭、对西德）、西德的盖德·穆勒 2 次（1970 年对保加利亚、对秘鲁）、阿根廷的巴蒂斯图塔 2 次（1994 年对希腊，1998 年对牙买加）。

首次在世界杯出场就上演帽子戏法：克洛泽（德国）2002 年；巴蒂斯图塔（阿根廷）1994 年；柯奇士（匈牙利）1954 年。

进球届次最多：球王贝利（巴西）4 届均有进球（1958 年 6 球，1962 年 1 球，1966 年 1 球，1970 年 4 球）；乌维·席勒（西德）4 届均有进球（1958 年 1 球，1962 年 2 球，1966 年 2 球，1970 年 3 球）。

世界杯对传统冠军级强队进球最多：克洛泽（德国）4 球，2006年对阿根廷 1 球、2010 年对英格兰 1 球、对阿根廷 2 球；罗西（意大利）4 球，1982 年对巴西 3 球、对德国 1 球。

最快进球：2002 年，土耳其前锋哈坎·苏克在对韩国比赛中开场仅 11 秒破门。

最晚进球：2006 年，意大利的皮耶罗在对德国的比赛中在第 121分钟破门。

最快帽子戏法：1982 年，匈牙利的拉斯罗·基斯在对萨尔瓦多的比赛中，在第 70、74 和 77 分钟破门，他也是世界杯上唯一上演帽子戏法的替补；阿根廷的巴蒂斯图塔在 1998 年法国世界杯阿根廷队与牙买加队的比赛中，只用了 10 分钟，便攻入了 3 球。

进球年龄最小：1958 年，球王贝利在对威尔士时破门，年仅 17 岁零 239 天。

进球年龄最大：1994 年，喀麦隆的米拉在对俄罗斯时破门，当时他已 42 岁零 39 天。

世界杯包括决赛在内场场破门唯一一人：巴西的雅伊尔津霍（又译查仙奴），在 1970 年世界杯 6 场比赛中都有进球；乌拉圭的吉吉亚在 1950 年也是场场破门（4 场），但当时是循环圈决胜，没有冠亚军决赛。

最快替补进球：1998 年，丹麦前锋桑德在和尼日利亚的比赛中，替补上场仅 16 秒就破门得分；莫拉雷斯（乌拉圭），2002，乌拉圭 - 塞内加尔，下半场替补登场，开赛 17 秒。

在两届世界杯决赛中破门的人：巴西的瓦瓦（1958 年和 1962 年）；贝利（1958 年和 1970 年）；西德的布莱特纳（1974 年和 1982 年）；法国的齐达内（1998 年和 2006 年）。

唯一一个代表两个国家在世界杯进球的人：普罗辛内斯基，1990年代表南斯拉夫攻破阿联酋大门、1998 年代表克罗地亚攻破牙买加大门。

第一个乌龙球：马努埃尔·罗萨斯（墨西哥）1930 年，墨西哥 - 智利（又一说，1938 年，瑞士的恩斯特 - 洛斯切在对德国比赛时自摆乌龙）。

最快乌龙球：2006 年，英格兰 1：0 巴拉圭，加马拉，3 分钟。

在同一场比赛中既进球又入乌龙的人：1978 年，荷兰的厄尔尼·布兰特斯在对意大利比赛中完成这一"壮举"，荷兰最终 2 比 1 获胜。

里程碑进球：第1球（洛朗、法国、1930年对墨西哥）；第500球（博比·科林斯、苏格兰、1958年对巴拉圭）；第1000球（伦森布林克、荷兰、1978年对苏格兰）；第1500球（卡尼吉亚、阿根廷、1994年对尼日利亚）；第2000球（奥尔巴克、瑞典、2006年对英格兰）。

比分纪录

悬殊比分：
10 – 1 匈牙利 – 萨尔瓦多 1982；
9 – 0 匈牙利 – 韩国 1954；
9 – 0 南斯拉夫 – 扎伊尔 1974；
8 – 0 瑞典 – 古巴 1938；
8 – 0 乌拉圭 – 玻利维亚 1950；
8 – 0 德国 – 沙特阿拉伯 2002；
7 – 0 葡萄牙 – 朝鲜 2010；
7 – 0 波兰 – 海地 1974；
7 – 0 乌拉圭 – 苏格兰 1954；
7 – 0 土耳其 – 韩国 1954；
7 – 1 巴西 – 瑞典 1950；
7 – 1 意大利 – 美国 1934；
6 – 0 阿根廷 – 塞黑 2006；
6 – 0 苏联 – 匈牙利 1986；
6 – 0 阿根廷 – 秘鲁 1978；
6 – 0 西德 – 墨西哥 1978；
6 – 0 乌拉圭 – 以色列 1970；
6 – 0 匈牙利 – 印度 1938；
单场一队进球最多纪录：1982，匈牙利 – 萨尔瓦多 10：1；
单场进球最多：1954年奥地利7比5瑞士（12球）；
最多连胜场次：11场，巴西，2002至2006；
最多连败场次：9场，墨西哥，1930、1950至1958；
最多连平场次：5场，比利时，1998至2002；
最多不败场次：13场，巴西，1958至1966（11胜2平）；

最多不胜场次：17 场，保加利亚，1962 至 1974、1986、1994。

其他纪录

获得世界杯冠军最多的人：球王贝利，3 次（1958、1962、1970）；

赢得世界杯最年轻球员：球王贝利，1958 年他年仅 17 岁；

赢得世界杯最年长球员：意大利的佐夫，1982 年他作为队长夺冠时已 40 岁高龄；

唯一作为队长和教练都夺冠的人：德国的"足球皇帝"贝肯鲍尔，1974 年作为队长、1990 年作为教练；

第一个作为球员和教练都夺冠的人：巴西的扎加洛，1958 年和 1962 年作为队员、1970 年作为教练；

唯一两次赢得世界杯的教练：意大利的波佐、1934 年和 1938 年；

唯一包揽世界杯金靴奖和银靴奖的球员：德国的克洛泽，2002 银靴奖、2006 金靴奖；

第一个罚入点球的球员：1930 年墨西哥的曼努尔·罗萨斯，对阿根廷；

第一个罚丢点球的球员：1934 年巴西的巴尔德马尔·德·布里托，被意大利的萨莫拉扑出；

最长不失球纪录：意大利的守门员曾加，1990 年曾 5 场比赛共 518 分钟不失球；

世界杯历史上最大的球场：马拉卡纳球场；

观众最多的一场比赛：1950 年世界杯循环圈最后一战，巴西对乌拉圭，巴西马拉卡纳球场，官方记载观众人数为 199854 人；

观众最少的一场比赛：1930 年乌拉圭世界杯第一轮，罗马尼亚对秘鲁，300 人；

单届被犯规最多球员：阿根廷的马拉多纳，1990 年，共遭对手 53 次犯规；

第一支世界冠军队队长：乌拉圭的何塞·纳萨兹；

第一个世界冠军队主教练：乌拉圭队的阿尔韦托·苏皮塞；

年龄最大的世界杯金球奖获得者：2006 年，齐达内，34 岁；

年龄最小的世界杯金球奖获得者：1998 年，罗纳尔多，22 岁；

第一位获得世界杯金球奖的守门员：2002 年，卡恩；

第一位先获得世界杯银靴奖再获得金靴奖的球员：2002 年、2006 年，克洛泽；

最年轻的金靴奖得主：德国的托马斯·穆勒，2010 年南非世界杯他年仅 21 岁；

第一届卫冕冠军无直接参赛权的世界杯：2006 年德国世界杯；

淘汰赛阶段使用过加时赛"金球制"的世界杯：1998 年法国世界杯，2002 年韩日世界杯；

第一粒加时赛"金球"：1998 年法国世界杯，1/8 决赛，布兰克（法国）；

第一位在单场决赛中打进 3 球的球员：1966 年英格兰世界杯，格奥费·赫斯特（英格兰）；

第一场以互射点球分出胜负的决赛：1994 年美国世界杯决赛，巴西 3 - 2 意大利；

世界杯参赛场次最多：德国，99 场。